AF149809

Suizid ist nicht das Ende

Hannah Sempers Hinwendung und Begabung, mit freiwillig in den Tod gegangenen Seelen Kontakt aufzunehmen und auf ihren Weg zu begleiten, zeigt sich in diesen beeindruckenden Berichten aus einer Welt zwischen Himmel und Erde.

Die Autorin:

Hannah Semper, 1970 in Wien geboren, Mutter von zwei Kindern, studierte Ethnologie, Medizingeschichte und Humanbiologie. Sie arbeitet als diplomierte Krankenschwester in Wien.

Bei Interesse an einem Kontakt mit der Autorin:
www.suizid-ist-nicht-das-ende.jimdo.com

Hannah Semper

Suizid ist nicht das Ende

Gespräche mit Seelen nach ihrem Freitod

Bibliografische Information der Deutschen Nationalbibliothek: Die Deutsche Nationalbibliothek verzeichnet diese Publikation in der Deutschen Nationalbibliografie; detaillierte bibliografische Daten sind im Internet über www.dnb.de abrufbar.

© 2015 Hannah Semper
Satz, Umschlaggestaltung, Herstellung und Verlag:
BoD – Books on Demand, Norderstedt

ISBN: 978-3-7386-9056-9

Inhalt

»Wenn du mich fragst, ob ich euch allen einen weisen Rat erteilen kann von dort, wo ich bin, dann, dass ihr euch bitte, bitte nicht das Leben nehmen dürft. Habt Achtung vor allem, was lebt, und freut euch, solange ihr Mensch sein dürft. Ich glaube zwar nicht, dass alle das erleiden müssen, was ich da durchmache, aber die Freiheit auf der Erde ist größer, als ihr glaubt. Auch wenn ihr irgendwo festgefahren seid im Beruf oder in der Familie, ihr könnt ja trotzdem vieles entscheiden und tun. Das kann ich hier nicht mehr. Meine Entscheidungsfähigkeit ist mir genommen worden.«

(Thomas, 82 Tage nach seinem Freitod)

Vorwort

Sehr viele Menschen gehen davon aus, dass nach dem Tod »alles vorbei« ist. Entschließt sich jemand für den Freitod, so hat er zumindest die Hoffnung, von seinen Sorgen und Problemen, die er auf der Erde hatte, erlöst zu werden. Was »danach« kommt, weiß niemand wirklich, und die Glaubensvorstellungen gehen auseinander.

Ich möchte mit diesem Buch darlegen, dass dem nicht so ist. Eingehende Befragungen von Menschen, die sich das Leben genommen hatten und mit denen ich nach ihrem Freitod als Seele kommunizieren konnte, ließen mich zu diesem Schluss kommen. Das Leben nach einem Suizid ist nicht »aus«. Die Seele nimmt ihre gelebten Erfahrungen, Gedanken und Gefühle mit in den Tod.

Ich beschäftige mich schon seit einigen Jahren mit »automatischem Schreiben«, einer Kommunikationstechnik zwischen geistiger und hiesiger Welt. Ich habe dem »automatischen Schreiben« ein eigenes Kapitel in diesem Buch gewidmet, worin ich über die Voraussetzungen und Vorgangsweise dieser Technik, die ich auch bei der Befragung der Seelen nach einem Suizid anwende, berichten werde.

Ich begann mich mit dem Thema Suizid näher zu befassen, nachdem sich ein Arbeitskollege, ein Arzt, den ich hier Thomas nennen werde, im Jahr 2012 das Leben genommen hatte. Ich beschloss, Kontakt mit ihm aufzunehmen. Ich wollte von Thomas erfahren, warum er sein Leben beendet hatte, und ihn fragen, ob er sich jetzt an einem Ort befindet, der ihm mehr Zufriedenheit geben kann, als er auf Erden finden konnte. Es ging nicht um persönliche Neugierde. Ich fühlte mich ab dem Zeitpunkt seines plötzlichen Verschwindens belastet und traurig. Ich hatte das merkwürdige Gefühl, dass er Hilfe benötigte.

Da ich bisher nur sehr schöne und aufbauende Nachrichten durch das Schreiben mit der geistigen Welt erfahren durfte, wusste ich nicht, was auf mich zukommt. Ich war bald in Thomas' Welt, ich nenne sie jetzt »Zwischenwelt«, gefangen. Ich ließ mir von Thomas eine genaue Beschreibung seines Zustands geben, ich litt mit ihm und vergoss so manche Träne währenddessen. Nach einer Woche wurde mir klar, dass es nicht darum ging, ihm die nicht existierende Zeit in diesem Zustand zu vertreiben, sondern dass ich ihn wegschicken, ihn weiterschicken musste. Da ich anfangs nicht wusste, wie ich handeln sollte, agierte ich ganz instinktiv. Ich »rang« mit seiner Seele, mit seinem Glauben und spürte, wie wichtig dieses Gespräch für Thomas war. Ich musste Thomas dazu bringen, selbst zu reflektieren und ihn selbst darum bitten zu lassen, weitergehen zu können. Plötzlich stand der Stift, mit dem ich schrieb, felsenfest. Die Atmosphäre um mich hatte sich geändert. Ich spürte nicht mehr seine Anwesenheit. Es lag tiefer Frieden im Raum. Thomas' Seele war weitergezogen.

Ich brauchte einige Zeit, um dieses Erlebnis verarbeiten zu können. Doch nur wenige Monate später war ich wieder mit einer Todesanzeige durch Suizid konfrontiert. Ich überlegte mehrere Tage, ob ich mit der zu Lebzeiten mir nur sehr fern bekannten Frau auch Kontakt aufnehmen sollte. Letztendlich tat ich es und war wie bei

Thomas mit ihr in Diskussionen verstrickt, die ihren jetzigen Zustand betrafen. Ich wusste nun, dass es auch bei ihr wichtig war, sie weiter »in Richtung Himmel« zu begleiten. Sie konnte sich nicht vorstellen, dass es jemanden gab, der ihr helfen würde. Doch als sie anfing zu glauben, schaffte sie es, sich selbst zu befreien.

Ab diesem Zeitpunkt wurde mir bewusst, dass ich mich mit Seelen nach einem Suizid austauschen kann und ich sie nicht zu fürchten brauche. Sie waren in keiner »Hölle« verdammt, sondern ganz klar in ihrem Sein. »Selbstmord«, »Freitod«, Begriffe, die versuchen, diese traurige Tat zu benennen, waren kein Tabu-Thema mehr für mich. Ich erzählte und wurde dadurch an viele Seelen herangeführt, mit denen ich nach ihrem freiwilligen Tod kommunizierte. Mit der Zeit wurde ich mutiger und kam auch mit Seelen in Kontakt, die auf Erden eine andere Konfession hatten oder die nie an einen »Himmel« oder Ähnliches glaubten. Die Aussagen tibetischer Mönche, die ihr Leben durch Selbstverbrennung für ihr Land Tibet hingaben, unterschieden sich grundsätzlich durch ihre Geisteshaltung und ihren mitgenommenen Glauben. Sie hatten ihr Leben in Gebet und in ständiger Vorbereitung auf ihre kommende Wiedergeburt verbracht.

Ich habe bis zum heutigen Tag mehr als 60 Beschreibungen von Seelen, die sich das menschliche Leben genommen hatten und mir über ihr Sein danach berichteten.

Es waren Menschen, die aus verschiedensten Gründen den Suizid wählten. Verzweifelte, depressive Menschen, Drogenabhängige, Schwerkranke, Alte, Jugendliche,

Märtyrer, Gläubige und Nichtgläubige, Buddhisten, Muslime und Juden sowie Seelen, die den Tod durch Euthanasie erfuhren.

Jede Seele beschreibt ihr neues Dasein auf die ihr eigene Weise, und doch gibt es sehr viele Parallelen. Zusammenfassend kann ich aus meinen Recherchen sagen, dass die Geisteshaltung, in der sich der Mensch zuletzt befand, nach dem Tod bestehen bleibt.

Ungelöste Probleme werden mitgenommen, können aber nicht mehr bearbeitet und gelöst werden.

Alle Seelen dürfen das Leben auf der Erde weiter beobachten und mit ihren Angehörigen (zutiefst!) mitfühlen. Es ist ihnen aber nur gestattet, den irdischen Bereich zu sehen, der sie selbst einmal betraf. Den Menschen können sie sich nicht mehr mitteilen.

Die Seelen haben außer der Begegnung mit einem Geist, Wächter oder einer Energieform (jeder nennt ihn/sie anders), der die Seele von ihrem Körper abholt, keinen weiteren Kontakt mit anderen Seelen oder höheren Wesen. Viele fühlen sich einsam, bekommen aber das Gefühl vermittelt, dass es noch etwas Weiteres gibt als die Welt, in der sie sich nun befinden, und dass sie einmal weitergehen können.

Sie befinden sich in einer Art »Nichts« oder grauen Nebelsuppe.

Manche Seelen bereuen ihren Schritt, die meisten nehmen ihren »Zustand des Wartens« jedoch mit Gleichmut hin. Die Zeit spielt keine Rolle mehr.

Es gibt niemanden, der richtet. Die Seelen sind von ihren irdischen Schmerzen erlöst und frei von Angst.

Die Geisteshaltung der tibetischen Mönche, mit denen ich Kontakt hatte, blieb auch nach dem Tod bestehen – der Glaube, durch ihren Tod etwas Gutes bewirkt zu haben.

Die Seelen sind alle willkommen, in eine neue Form des Daseins weiterzugehen. Bis dorthin durfte ich sie begleiten. Die Momente des Weggehens waren oft überraschend und mit Stille und einem friedvollen Gefühl verbunden.

Seelen, die noch nicht weitergegangen und noch sehr erdverbunden sind – es ist möglich, mit ihnen zu kommunizieren. Ich habe durch das Schreiben die Erfahrung gemacht, dass es den Menschen möglicherweise sogar eher gelingt, diese Seelen zu erreichen als himmlischen Helfern. Ich glaube sogar, dass »der Himmel« Menschen benötigt, erdverbundene Seelen weiterzuschicken, damit sie ihr eigentliches Ziel nach dem Tod erreichen können.

Da das Thema Suizid für alle Betroffenen sehr belastend ist und viele Menschen dieser Tat hilflos und fassungslos gegenüberstehen, war es mir wichtig, mit diesem Buch vorhandene Trauer nicht noch mehr zu verstärken, sondern dem Leser letztendlich ein tröstendes Gefühl zu vermitteln. Es ist für mich von großer Bedeutung, mit diesem Buch aufzuzeigen, dass jeder Seele geholfen werden kann. Es gibt kein AUS und keine Bestrafung nach diesem Tod. Die Seelen befinden sich nach dem Suizid noch nahe der Erde, aber können in ein glücklicheres Sein weitergehen, wenn sie verstanden haben, sich selbst zu befreien.

Worte und Ausdrucksweise der Seelen sind so, wie ich sie empfangen habe. Alle erwähnten Namen der Verstorbenen, die in den letzten Jahren Suizid begangen haben, wurden aus Diskretion von mir geändert. Sind seit dem Freitod mehr als 70 Jahre vergangen, nenne ich den richtigen Namen des Betroffenen. Es waren Menschen, die uns aus der Zeitgeschichte bekannt sind und über deren Freitod berichtet wurde.

Ich werde in den nun folgenden Kapiteln meinen Arbeitskollegen Thomas immer zuerst erzählen lassen. Er war derjenige, den ich am intensivsten befragte und in dessen Gefühlswelt ich am meisten verstrickt war. Er wird in meiner Arbeit mit den Seelen, die sich selbst das Leben nahmen, immer einen besonderen Stellenwert einnehmen.

Ich habe Teile der Gespräche den nun folgenden Kapiteln zugeordnet, und hoffe dem Leser durch diese Botschaften ein abgerundetes Bild von dem Leben nach einem Suizid vermitteln zu können.

1. Das automatische Schreiben

Seit einigen Jahren praktiziere ich das »automatische Schreiben«, indem mir Aussagen verstorbener Seelen oder geistiger Helfer in unglaublicher Geschwindigkeit diktiert werden. Es ist eine Kommunikation zwischen geistiger und hiesiger Welt, die mir schon viel Freude bereiten konnte. Ich schreibe in absoluter Ruhe und Konzentration mit einer Seele oder einem geistigen Helfer, kann meinerseits Fragen stellen und bekomme die erstaunlichsten Antworten auf sehr schnelle Weise präsentiert. Die Worte kommen ohne Absetzen des Stiftes in ununterbrochener Schreibweise. Es wird kein Abstand zwischen einzelnen Begriffen oder Sätzen gemacht. Groß-, Kleinschreibung und Satzzeichen spielen keine Rolle. Der Stift gleitet leicht über das Blatt Papier. Das Handgelenk bleibt locker und unverkrampft. Das Schriftbild ist harmonisch. Die Antworten und Gespräche sind generell sehr liebevoll und hinterlassen ein sehr friedliches Gefühl.

Absolute Ruhe und Konzentration bedeutet, dass ich mit meinen Gedanken und Gefühlen ganz bei der jeweiligen Seele oder dem geistigen Helfer sein muss. Werde ich abgelenkt, funktioniert das Schreiben nicht. Umso wichtiger ist es daher, beim Schreiben alleine zu sein und alle möglichen Störfaktoren wie etwa Telefon oder Radio auszuschalten. Der eigene Alltag, die eigenen Gedanken und eventuellen Sorgen haben während eines solchen Gesprächs nichts verloren. Die ganze Konzentration ruht auf der Seele. Der Stift folgt der Information, die durchgegeben wird.

Die Seele reagiert auf meine Gedanken und Gefühle unmittelbar. Es ist daher immer ein ehrliches, offenes und direktes Gespräch, das gegenseitiges Vertrauen voraussetzt. Es gibt keine Lügen. Kommuniziert man mit einer Seele, ist es nicht möglich, etwas zu sagen und gleichzeitig etwas anderes zu denken, so wie es bei uns Menschen manchmal der Fall ist. Habe ich Zweifel an den Worten der Seele, so spürt sie das und antwortet dementsprechend und umgekehrt. Höflichkeitsphrasen, ja »Geschwafel« möchte ich sogar sagen, gibt es in der geistigen Welt nicht. Daher ist der eigene Gemütszustand beim Schreiben sehr wichtig. Gibt es Tage, an denen man mit eigenen Problemen belastet ist und den Kopf nicht für ein geistiges Gespräch frei machen kann, ist es auch besser, ein solches zu unterlassen.

Sowohl die Seele als auch ich kann das Gespräch jederzeit unterbrechen. Es kommt vor, dass der Kontakt von der Seele unterbrochen wird. Bei Seelen, die ihren Tod selbst herbeiführten, geht es hierbei meist um traurige Gefühle, die sie mit Worten nicht ausdrücken können. Ich fühle dann mit der Seele und spüre Bedrückung.

Wenn es die Seele geschafft hat, ihre Ebene zu verlassen und weiterzugehen, so wird der Kontakt zu ihr ganz plötzlich unterbunden und kann so auch nicht mehr wiederhergestellt werden.

Es ist für mich jederzeit möglich, das Gespräch abzubrechen. Setze ich den Stift ab, bin ich wieder »ganz bei mir« und in »meinem Leben«. Ich mache das in der Regel nicht, ohne mich vorher von der Seele zu verabschieden. Es wäre sonst vergleichsweise so, als würde ich während eines Telefongesprächs plötzlich den Hörer wortlos auflegen.

Nach einem längeren Gespräch mit einer Seele gehe ich gerne spazieren oder unter Menschen, »um auf der Erde wieder anzukommen«. Pausen zwischen verschiedenen geistigen Gesprächen sind unerlässlich.

Beim Schreiben mit Thomas merkte ich erstmals, dass es ein sehr großer Unterschied ist, mit einer Seele, die sich das Leben genommen hat, oder mit einem geistigen Helfer zu schreiben. Während ein geistiger Helfer immer freudige und positive Worte, manchmal auch des Spaßes, für mich hat, mich bei Bedarf tröstet, mir bei Fragen helfend beiseitesteht und mich unsere Konversation immer mit einem Lächeln beenden lässt, war zu Beginn des Schreibens mit Thomas nur Schwere und Traurigkeit zu verspüren.

Ich ließ ihn erzählen und in Folge auch viele andere Seelen, die mir von ihrer Welt zwischen Himmel und Erde berichteten.

2. Über alle Sprachen hinweg

Herbert: »Du kannst tatsächlich mit mir sprechen, grandios.«

Es war für mich leicht, mit meinem ehemaligen Arbeitskollegen Thomas in ein geistiges Gespräch zu kommen. Er hatte das Bedürfnis sich mitzuteilen. Da wir doch viele Jahre beruflich immer wieder miteinander zu tun hatten, war ein gegenseitiges Erkennen von Anfang an da.

»Liebe Hannah! Vertraue auf deine Fähigkeiten. Wir können miteinander reden. Vertraue auf meine Worte. Ich sage dir, dass du nicht traurig sein sollst um meinetwegen. Es ist doch nicht notwendig, dir solche Gedanken um mich zu machen. Es ist jetzt nun mal so, wie es ist. Dort, wo ich bin …«

Der Stift blieb stehen. Ich machte eine kurze Pause und versuchte dann wieder weiterzuschreiben.

»Ich muss das erst üben. Ich bin nicht ein Engerl geworden, aber du kannst wissen, dass mein jetziger Aufenthaltsort nicht so zermürbend ist, wie du denkst. Ich will dir vieles erklären, und ich bin froh, dass ich die Möglichkeit bekomme, mit dir darüber reden zu können.«

Der Einstieg in ein geistiges Gespräch ist immer mit Spannung verbunden. Wird der Kontakt zustande kommen? Wie wird die Seele reagieren? Wer ist diese Seele »am anderen Ende der Leitung«? Ich sitze über dem Foto des Verstorbenen, konzentriere mich auf ihn und setze den Stift auf das Blatt Papier. Der Einstieg muss geübt sein! Ich schmunzle heute über meinen ersten Versuch, mit Seelen, die sich das Leben genommen haben, zu schreiben. Woher soll die Seele, wenn sie mich nicht gekannt hat, wissen, wer ich bin? Ich stellte mich nicht vor, sondern wartete, bis der Stift zu schreiben begann. Das dauerte manchmal doch etwas länger und die gegenseitige »Öffnung« ebenso. Ich möchte folgendes Beispiel anführen:

Martin war schwerkrank, als er sich aus dem Fenster stürzte, weil er nicht auf seinen »langsamen Tod« warten wollte. Ich saß vor seinem Foto, es entstand eine fast peinliche Stille, bis folgende nüchterne Worte kamen:

»Wer bist du?«

Mein Name ist Hannah. Ich kann mit Verstorbenen durch Schreiben Kontakt aufnehmen.

»Aha.«

Kann ich überhaupt »du« zu dir/Ihnen sagen?

»Ja natürlich.«

Die erste Frage der Seele »Wer bist du?« zog sich über Wochen des Arbeitens mit den Seelen fort. Die höflichste Begrüßung einer Seele war noch die von Mohammad, der sich selbst vorstellte:

»Du kannst mit Seelen schreiben. Ich bin Mohammad. Wer bist du?«

Freudiger begrüßt wurde ich von Doris, einer Frau, der ich einmal kurz begegnet bin.

»Wer bist du? Kennen wir uns?«

Ich erzählte ihr, wo wir uns kennengelernt hatten und dass wir uns durch das Schreiben austauschen können.

»Du kannst mit Seelen schreiben? Das ist ja wunderbar. Du kannst mit mir reden, wie telefonieren. Ja, ich kann mich mit dir wirklich unterhalten. Das ist ja toll. Wie darf ich dich anreden?«

Sag einfach Hannah zu mir.

»Hannah. Danke, dass du das Gespräch mit mir führen willst.«

Die erste Seele, die auf Erden nicht deutsch gesprochen hatte und mit der ich trotzdem problemlos schreiben konnte, war Peter aus Ungarn. Als ich ihn um seine Meinung fragte, warum wir jetzt so gut miteinander kommunizieren konnten, obwohl wir auf Erden Sprachschwierigkeiten gehabt hätten, gab er mir folgende Antwort:

»Ich habe keinen Mund mehr, um eine Sprache zu sprechen. Es geht so mit meinen Gedanken.«

M o h a m e d hatte folgende Erklärung zu dieser Frage:

Konntest du eigentlich deutsch sprechen? Ich meine, weil unsere Unterhaltung sprachlich so problemlos funktioniert.

»Die Sprache Deutsch? Etwas, ein wenig. Aber ich kann hier alle Sprachen der Welt sprechen, weil ich keinen Mund mehr habe. Ich denke, du schreibst.«

Ich änderte den Einstieg in ein geistiges Gespräch mit diesen Seelen erst, als ich meine erste Erfahrung mit einem tibetischen Mönch machte, der sich aus Protest vor der chinesischen Unterdrückung das Leben durch Selbstverbrennung nahm. L o b s a n g war der erste Tibeter, mit dem ich als Seele sprach.

Ich hatte während einiger Reisen nach Tibet und Nepal Bekanntschaft mit tibetischen Mönchen und Nonnen gemacht, an die ich mich gerne zurückerinnere und deren Scharfsinn ich stets bewunderte. Ich konnte so manches Leid der Tibeter sehen, und es war mir nicht nur damals ein Anliegen zu helfen, wenn es möglich war. Würde aber ein Kontakt mit einer vom Buddhismus geprägten Seele überhaupt zustande kommen? Immerhin hat der tibetische Buddhismus ja ganz andere Vorstellungen von den Vorgängen nach dem Tod. Ich bin sehr naiv in dieses Gespräch mit L o b s a n g gegangen und war daher über seine Reaktion ausgesprochen überrascht:

»Du kannst mit mir sprechen? Du bist ein …«

Ich spürte blankes Entsetzen in diesen Worten. Ich ließ den Stift sinken. Ich erschrak über diese Reaktion. Wieso hatte diese Seele Angst vor mir?

Du brauchst keine Angst vor mir zu haben, ich bin eine ganz normale Frau, die …

Lobsang unterbrach mich:

»Wer bist du?«

Noch immer spürte ich sein Unbehagen.

Mein Name ist Hannah. Ich kann Seelen, die sich das Leben nahmen, weiterhelfen …

»Du kannst Seelen weiterhelfen? Wer bist du?«

Das Unbehagen wechselte in eine spürbare Angriffslust.

Hör mir bitte zu. Ich lebe in Europa, habe Kinder und arbeite in einem Spital. Ich konnte dein Land Tibet bereits zwei Mal besuchen. Ich kenne dein Land daher ein wenig und schätze seine Bevölkerung und Eure Heiligkeit, den Dalai Lama, sehr. Aber ich kann auch mit Seelen Kontakt aufnehmen. Wir müssen jedoch nicht miteinander reden, wenn du nicht willst …

»Du kannst nicht Mensch sein und etwas tun, was dir nicht anberaumt ist.«

Aber du siehst doch, dass ich Mensch bin und mit dir reden kann.

»Du kannst mit mir reden. Ja, ich sehe, dass es geht. Ich weiß nicht, was ich davon halten soll.«

Vielleicht kann ich dir weiterhelfen. Erzähle mir einfach, wie es dir geht und wo du jetzt bist.

»Wie es mir geht? Du willst wissen, wie es mir geht und wo ich bin? Ich bin da, wo ich hingehöre. Hier bin ich und warte.«

Wartest du auf deine Wiedergeburt oder auf den Bardo[1]?

»Ja. Du hast davon gehört. Bardo, die Schritte bis zu meiner Wiedergeburt.«

Das Eis war gebrochen. Lobsang redete mit mir.

Ich hatte aus diesem Gespräch gelernt, mich der Seele einmal vorzustellen, die ersten Worte zu sagen und nicht hoffnungsfroh abzuwarten, ob sie vielleicht mit mir sprechen möchte. Die Kontaktaufnahme ging dadurch wesentlich schneller und einfacher.

Vielleicht schoss ich aber manchmal über das Ziel hinaus, wie man den nächsten Aussagen entnehmen kann. Ich möchte erst einmal bei den buddhistischen Mönchen bleiben, welche mich nach meiner mehr oder weniger langen Vorstellung folgendermaßen begrüßten:

---

1   Im tibetischen Buddhismus Phase zwischen Tod und Wiedergeburt

Tenzin

»Du brauchst nicht so viel zu reden. Ich verstehe dich, und ich sehe deine Absicht. Ich spüre das. Du kannst mit mir reden. Ich erlaube es.«

Gyatso

»Du kannst tatsächlich mit mir reden, Frau.«

Ja, es geht. Du brauchst dich nicht vor mir zu fürchten. Ich bin eine Frau mit Familie, Beruf. Aber ich kann mit Seelen, die sich als Mensch das Leben nahmen, Kontakt aufnehmen.

»Ich kenne keine Furcht. Ich sehe, dass ich mit dir reden kann und du vieles von mir wissen willst.«

Bist du bereit, mit mir zu reden?

»Ja, ich bin bereit mit dir zu reden, in Kontakt zu treten.«

Norbu

»Du bist eine Frau? Du weißt, dass unsere Religion das nicht erlaubt. Wir glauben nicht an eine Kommunikation zwischen Seelen und Menschen.«

Du siehst aber, dass es funktioniert?!

»Ja, ich bin verwundert, dass es so ist.«

Warum funktioniert es, deiner Meinung nach?

»Warum es funktioniert? Ich weiß nicht. Ich bin überhaupt in einem eigenartigen Zustand, seitdem ich tot bin.«

Kannst du jetzt beten, Mantras rezitieren?

»Ob ich beten kann? Mantras? Nun, das geht nicht. Ich habe ja keine Stimme mehr, um Gebete zu rezitieren.«

Aber wie äußerst du dich dann? Ich meine, ich verstehe dich ja auch sehr gut.

»Wie ich mich äußern kann? Ich bin so, wie ich als

Mönch war. Nur kann ich nicht reden, mich verständlich machen. Mit dir ist es anders. Du kannst reden, und ich kann seltsamerweise auch mit dir irgendwie reden. Es ist nicht glaubwürdig für mich, aber es geht.«

Sangpo

Wie darf ich dich anreden? Du warst Rinpoche[2] auf Erden.

»Liebes Kind, ich möchte lachen. Wir sind hier doch jeder Sprache enthoben, daher brauchst du mich mit keinem Titel der Welt mehr anzureden. Ich bin kein Mensch mehr in Würdengewändern. Ich bin Seele Sangpo und so kannst du ganz natürlich mit mir sprechen.«

Doch zurück zu den Seelen, die als Mensch in der westlichen Welt lebten.

Gerhard

»Du hast viel gesagt. Ja, ich bin natürlich bereit, mit dir zu sprechen und freue mich auch darüber. Ich bin erstaunt, dass es geht und möglich ist. Ich habe seit meinem Tod mit niemandem wirklich reden können. Reden, was sage ich, das ist ja nicht mehr möglich, aber ich kann denken, so wie ich immer gedacht habe, und fühlen. Ja, das geht alles noch, und es scheint, als wenn ich meine Gedanken dir mitteilen kann. Das tut mir gut, und ich danke dir für diese Kontaktaufnahme.«

Robert

»Du bist mir willkommen. Du kannst mit mir sprechen. Ich freue mich. Ich bin sehr alleine, und du bist

2   Tibetischer Ehrentitel

die Erste, mit der ich wirklich reden kann, seitdem ich tot bin. Ich bin alleine in dieser toten Welt.«

Franz

»Du bist eine Wienerin! Unser schönes Wien, es steht noch so, nicht wahr?«

Nun, es hat sich vieles verändert. Die Welt wird schnelllebiger.

»Ja, die Welt wird schnelllebiger. Ich war nicht mehr für diese Welt geschaffen. Aber erst einmal ein herzliches Dankeschön dafür, dass du mit mir reden willst. Ja, ich bin der Franz. Du bist Hannah. Liebe Hannah, wie kommst du zu mir?«

Je länger der Freitod einer Seele her war, umso eigentümlicher wurde ihre Ausdrucksweise.

Ich werde auf den nicht existierenden Zeitfaktor nach dem Tod in einem eigenen Kapitel eingehen.

Es war ein Versuch mit Seelen, die wir alle schon lange nicht mehr persönlich gekannt haben konnten, zu kommunizieren. In diesen Fällen war es mir nur möglich, auf Seelen einzugehen, die auf Erden bekannte Persönlichkeiten waren. Hier waren Quellen vorhanden, die ihren selbstgewählten Tod nachwiesen.

Ferdinand Raimund
(Dramatiker, 1.6.1790–5.9.1836)
»Ja, wie interessant. Du kannst das, was ich denke und bin, denn meiner Sprache bin ich nicht mehr Herr, zu Papier bringen. Das ist interessant, ja wirklich!«

Franz Hofdemel
(Jurist, gestorben 5.12.1791)
»Du bist also eine Frau, die mit mir reden möchte. Du kannst mit mir reden. Das ist gut. Du bist gesegnet für dieses Können. Ich bewundere deine Handführung meiner Gedanken.«

Otto Weininger
(Philosoph, 3.4.1880–4.10.1903)
»Du darfst mit mir reden. Ja, es ist eine Freude für mich. Du hast also die Begabung mit Toten zu sprechen.«
Ja, ich hoffe, du glaubst auch daran.
»Ob ich daran glaube? Du siehst, ich bin schon lange tot, aber noch sehr lebendig in meinem Geist. Das körperliche Dasein, das Leid ist für mich vorbei, aber mein Geist ist wach, und ich sehe, dass unsere Unterhaltung möglich ist.«

Michael Leopold Enk von der Burg
(Benediktinermönch, 29.1.1788–11.6.1843)
»Du gute Seele! Du bist gesegnet dafür, mit einer sündigen Seele Kontakt aufzunehmen. Die Freude ist ganz bei mir. Sei gegrüßt. Ja, ich bin schon lange auf der jenseitigen Seite des Lebens. Ein Körnchen Staub ist von mir auf Erden noch übrig und wenige, die wissen, wer ich war. Es hat aber keine Bedeutung hier im jenseitigen Leben bei Gott.«

3. Eintreten in die geistige Welt

Der freiwillige Tod eines Menschen ist ein tiefgehendes, schockierendes und trauriges Ereignis für Hinterbliebene, ein Schock für alle Beteiligten. Die Trauer ist oft grenzenlos. Daher möchte ich auf die vielseitigen Gründe, die zu einem Suizid führten und auch auf die Art, wie der Suizid durchgeführt wurde, nur insoweit eingehen, als wie die Seele von sich aus darüber berichtete. Es geht mir vielmehr um die Darlegung der Seelen, ihre Erzählungen, wie sie selbst das Eintreten in die geistige Welt empfanden.

Thomas

»Ich hatte Probleme, mir ging es nicht gut. Du hast es gemerkt und vielleicht noch ein paar andere mehr. Ich wollte so nicht mehr weitermachen und hatte geglaubt, meine besten Jahre ohnehin hinter mir zu haben. Was hätte mich auf Erden erwartet? Ich sah nur Arbeit, Arbeit, Arbeit … Ich sah mich nicht dort, wo ich in meinem Alter hätte sein wollen. Ich wollte für mich selbst mehr erreichen. Ich war in mir selbst zerrissen, unausgeglichen und wusste auch von meinen ungerechtfertigten Ausbrüchen, die ich immer weniger kontrollieren konnte. Mich nervten die vielen Entschuldigungen danach, ich wollte mich nicht weiter abdriften sehen …«

Es entstand eine Pause, die sich für mich beklemmend anfühlte.

Thomas?

»Es ist gut. Ich bin wieder da. Ich muss noch lernen, wie

ich dir meine Worte durchgeben kann, aber es wird schon. Ich dachte, ich mache jetzt Schluss, weil es nicht mehr besser wird, und erwartete mir Ruhe und Wegsein von all diesen Ärgernissen. Ich hatte keine Vorstellung, wohin ich als Geist gehe und erwartete mir nur die geistige Ruhe.«

Warum hast du keinen Abschiedsbrief hinterlassen?

»Du fragst, warum ich keinen Brief hinterlassen habe an meine Familie. Ja, ich bedaure das jetzt sehr, weil so viel gerätselt wird, warum ich das tat. Ich schrieb keinen, weil ich keine theatralischen Worte schreiben wollte. Ich war davon überzeugt, dass man mich bald finden würde. Dass es dann doch so lange dauerte, war für mich ...[3]«

Der Stift stand. Das Wort, das Thomas wohl gerne gesagt hätte, drang einfach nicht zu mir vor.

»Danke. Du weißt bereits, dass gewisse Worte im Himmel nicht genannt werden wollen.«

Thomas, ich war kurze Zeit nach deinem Tod zufällig im gleichen Wald langlaufen, den du dir als Sterbeort ausgesucht hast. Ich hätte deinen Leichnam vielleicht sogar sehen können. Die Vorstellung ist grauenhaft, und ich weiß, dass ich instinktiv plötzlich an der Stelle an dich denken musste, die dem späteren Fundort deines Körpers sehr nahe gelegen war. Ich erinnere mich, dass mir ein Schauer über den Rücken lief und der Gedanke »Hoffentlich liegst du da nicht irgendwo im Wald« in meinem Kopf präsent war.

Interessanterweise hatte meine Tochter, die mich beim Langlaufen begleitete, ähnliche Assoziationen, wie sie mir später gestand. Als der Fundort von Thomas' Leichnam bekannt wurde, schauderte ich. Unsere Langlauf-

---

3 Thomas' Leichnam wurde erst nach zehn Wochen im Wald gefunden.

runde ging quer durch den Wald in unmittelbarer Nähe dieser Stelle.

»Ja, ich sah dich mit deiner Tochter in der Nähe meines Leichnams. Liebe Hannah, sei froh, dass nicht du es warst, die mich fand. Es wäre nicht gut gewesen. Ich erzähle dir jetzt, was geschah. Ich eilte ziellos durch die Straßen. Wenn geglaubt wird, es war eine spontane Handlung, so war es das und auch nicht. Ich hatte mittags noch davon gesprochen, abends in die Oper zu gehen und tags darauf nach New York zu fliegen. Ja, es war der Plan, den ich aber dann umwarf. Ich dachte, diese Vergnügungen nicht mehr so genießen zu können und war dann für mich selbst bereit, allem ein Ende zu setzen. Ich wusste bereits, wie. Das war ein Leichtes. Den Ort erwählte ich dort, wo ich mich ungestört glaubte. Ich weiß noch, dass ich in Schlaf fiel, aus dem ich erst erwachte, als alles dunkel war. Ich war bereits außerhalb meines Körpers, konnte aber nicht viel erkennen. Es war finster, und ich wusste nicht, was zu tun sei. Ich weiß nicht mehr, wie lange ich in diesem Zustand des Nichtwissens war. Als ich versuchte, mich durch die Dunkelheit zu bewegen, kam ich nicht weiter. Es hielt mich etwas bei meinem Körper fest, in den ich aber auch nicht mehr hineinkonnte. Ich war gefangen. Es ist gut. Ich möchte dich nicht schrecken.«

Mir graute es bei diesem Bericht. Thomas schien das zu spüren.

»Wenn ich eines bereits jetzt schon sagen kann, dann, dass es ein Fehler war, das zu tun, was ich mir antat. Aber es ist zu spät. Jetzt ist es so, dass mir bereits geholfen wird.«

D o r i s litt unter schweren Depressionen.

»Was für ein Tod, aber es war mir egal in diesem Zustand. Ich wollte nur tot sein. Ich schaffte es, mich umzubringen. Als ich tot war, sah ich aber sofort, dass ich nicht tot bin. Ich war außerhalb des Körpers, aber alles, was ich bin und war, war mit mir, und ich war ein Gespenst mit meinen traurigen Gefühlen.«

Ein Gespenst …

»Ja, ein trauriges Gespenst. Ich wusste nicht, was ich machen sollte. Es gab keinen Weg, wohin ich hätte gehen können.«

Was hast du gesehen?

»Was ich sah? Nur meinen toten, bald aufgeschwemmten Leichnam und sonst alles in Nebel verhüllt.«

Aber du konntest weggehen?

»Ja, ich konnte weggehen, aber wusste nicht wohin. Ich weiß nicht wann, es kam dann ein Geist, der mir sagte, dass ich ihm folgen soll. Er war nett, aber sprach nicht mit mir. Ich folgte ihm, ich weiß nicht wie lange, hierher, wo ich jetzt bin.«

B r i g i t t e

»Ich war körperlich tot und erstaunt, dass ich aber trotzdem noch immer da war. Es war, als wäre ich nicht gestorben. Nur war ich nicht mehr in meinem Körper. Ich sah mich tot liegen und war entsetzt. Ich wollte weg und konnte nicht. Das Gefühl war so traurig, so beklemmend, und ich konnte nichts mehr tun, um etwas zu ändern.«

Wurdest du abgeholt?

»Plötzlich, ja, da war jemand bei mir. Es war wie ein

Trost. Es war ein guter Geist, der da war. Er beschützte mich und zog mich von meinem Körper weg zu dem Ort, wo ich jetzt bin. Er sagte nicht viel, nur dass ich das gemacht habe, was ich nicht hätte tun dürfen. Ich war zu jung, um zu sterben, und ich müsse noch viel lernen. Das Leben war mir gegeben worden, um zu lernen, aber ich nutzte es zu wenig. Und jetzt bin ich da und warte auf eine Chance, die mir irgendwann gegeben wird, damit ich weiter lerne.«

Franz

»Wenn du alt und krank wirst und keine Rollen mehr spielen kannst, was macht das Leben dann noch für einen Sinn? Ich erschoss mich, um das zu beenden.«

Was geschah danach?

»Was dann geschah? Ich spürte nichts mehr von mir. Mein Körper wurde von mir getrennt.«

An welcher Stelle deines Körpers bist du ausgetreten?

»Wo ich aus dem Körper ausgetreten bin? Das kann ich so nicht sagen. Ich schoss, und dann sah ich mich da liegen. Die Leiche Franz. Ich war trotzdem noch da. Ich war über mir und sah, was ich da angerichtet hatte. Das Blut, mein Körper. Ich war frei, ja, aber festgehalten in dieser Position.«

Wärst du gerne weggegangen?

»Ja, ich wäre gerne weggegangen, aber das konnte ich nicht.«

Warum nicht?

»Warum nicht? Es war noch immer eine Verbundenheit zu meinem Körper da, auch wenn ich ihn nicht mehr spürte. Ich konnte nicht weggehen. Es gab auch keinen sichtbaren Weg, wohin ich hätte gehen können.«

Was hast du dabei empfunden?

»Empfunden? Ich war geschockt. Ja, eigentlich war ich in einem Schockzustand. Ich war nicht klar. Ich war in mir selbst gefangen. Das blieb mir für einen Moment auf der Erde. Mir schien es endlos. Es änderte sich erst etwas, als jemand kam, eine geistige Gestalt.«

Felix

»Als ich meinen Körper verließ, spürte ich keine Schmerzen. Ich war frei, aber doch nicht so, wie vielleicht gewünscht. Wie soll ich sagen? Das, was ich dachte, das, was mich ausmachte, war da, nur neben meinem Körper. Ich konnte mich selbst betrachten, wie ich da hing. Wie ein Feigling kam ich mir vor, der weglief vor neuen Aufgabenstellungen. Aber ich konnte nichts mehr rückgängig machen. Ich war einfach da. Körperlos und doch anwesend.«

Bist du an diesem Ort geblieben oder bist du weitergegangen?

»Ich wollte weggehen, aber konnte nicht.«

Wie lange warst du dort?

»Ich weiß nicht.«

Bist du jetzt noch immer dort?

»Ich bin nicht mehr dort am Ort des Geschehens. Ich bin nicht mehr dort.«

Wo bist du dann?

»Das weiß ich nicht. Ich bin von einer Energie weggezogen worden.«

Ivan sah sich als Asylant in einer hoffnungslosen Lage.

»Als ich tot war, war ich zunächst auch alleine. Ich sah mich, wie soll ich sagen, ja, ich sah, ja, dass ich, dass mein

Körper nicht mehr lebte. Ich selbst war aber da noch sehr lebendig, nur tatenloser Zuseher dieses Spektakels eines Todes eines Menschen auf Erden. Nachdem, wenn er jung war, so wie ich, plötzlich wurde ich bekannt. Vorher wurde ich nur herumgereicht. Ich hätte wieder abgeschoben werden sollen. Dabei war ich jung, wollte lernen, arbeiten. Ich hatte Hoffnung. Es wurde alles zerstört. Ich brachte mich um, um frei zu sein. Ich glaubte an Freiheit, an Liebe. Ich wurde geholt von einem geistigen Wesen ohne Worte. Es führte mich hierher, wo ich bin, in diese geistige Isolation. Dann verschwand es.«

Gerhard

»Man fand mich tot in meinem Pool. Ich war es selbst, der sich da hineinstürzte. Es wusste niemand davon, und als Arzt hatte ich alle Möglichkeiten, mich in so einen Zustand zu versetzen, dass ich von meinem eigenen Tod nichts mitbekam. Das glaubte ich, und so war es auch, bis ich aber selbst erwachte und draußen war. Das heißt außerhalb meines Körpers mich bewegen konnte, wie herumflog und doch noch von meinem Körper angezogen war. Es war eigenartig, aber ich hatte keine Schmerzen. Ich war frei und doch nicht.«

Warum gingst du in den Tod?

»Warum ich in den Tod ging? Ich war überarbeitet. Ich sah keine Freude mehr an meinem Leben. Es war alles zur Pflicht geworden, und ich hatte alles erreicht, was ich erreichen wollte. Es gab nichts mehr zu überbieten. Ich war vielleicht übersättigt von allem, von der Arbeit, vom Geld. Ich beschloss allem ein Ende zu setzen.«

Was hast du dir erwartet?

»Was ich mir erwartet habe? Den ewigen Frieden.«

Wie hast du dir den ewigen Frieden vorgestellt?

»Vorgestellt? Nun, meine Ruhe, einfach nur Ruhe.«

Warst du gläubig?

»Ich war nicht wirklich gläubig, nein, aber ich glaubte an mein Recht auf ewige Ruhe, wie auch immer sie aussehen mag.«

Wie ging es dann weiter, als du außerhalb deines Körpers warst?

»Ja, ich war außerhalb des Körpers, konnte aber trotzdem nicht den Ort des Geschehens verlassen.«

Warst du verzweifelt deswegen?

»Nein, ich war nicht verzweifelt. Ich war vielmehr erstaunt, dass es so war, weil ich mir das vorher nicht hätte vorstellen können.«

Was war dann?

»Dann? Dann wurde ich wie abgeholt, möchte ich sagen. Es war ein Geist, der da war. Jemand, den ich irgendwie verstehen konnte ohne Worte. Dieses Wesen war plötzlich da und sagte, dass ich mitkommen soll. Ich konnte mich von meinem Körper wegbewegen und landete auf einem Platz in einem Land, in dem mir die Bewegung gestattet wurde.«

Heinrich war krebskrank.

Deine Nachbarin hat mir von deinem Sturz aus dem Fenster erzählt.

»Ja. Es tut mir sehr leid. Ich hätte nicht gewollt, dass meine werte Nachbarin mich in dieser Situation sieht. Ich möchte mich dafür entschuldigen, denn ich spürte ihr Entsetzen währenddessen und auch dann, als ich bereits tot war. Ich konnte sie sehen und all die Menschen um meinen Leichnam. Ich war neben meinem Körper und wusste nicht, wohin. Ich litt nicht mehr. Ich brauchte nicht mehr zu atmen, ich brauchte keine Kraft mehr, ich hatte keine Schmerzen. Ich war schwerelos, aber traurig.«

Traurig? Warum traurig?

»Traurig, weil ich alles um mich mitbekam. Ich war ein Todgeweihter. Es war unerträglich für mich geworden, und bevor ich so gar nicht mehr Herr meiner Lage sein konnte, beschloss ich dem ein rasches Ende zu setzen.«

Wie ging es nach deinem Tod weiter?

»Wie es weiterging? Ich konnte mich von meinem Körper nicht wegbewegen. Ich war zwar nicht mehr in meinem Leichnam, aber wie gefangen neben ihm. Ich weiß nicht genau den Zeitpunkt, aber es kam dann eine Energie, die mich wegholte.«

Wer oder was war diese Energie?

»Wer das war, weiß ich nicht. Ich musste ihr folgen.«

M a r t i n war schwerkrank, als er beschloss, sich das Leben zu nehmen.

»Ich bin aus dem Fenster gesprungen wie ein Feigling, der nicht den Tod abwarten konnte, dass er von alleine kommt. Ich war feig. Ich wollte nicht langsam absterben, also bin ich gesprungen.«

Was ist dann passiert?

»Dann? Dann war ich plötzlich neben mir. Ja, ich war neben mir, neben meinem zerschmetterten Körper und sah mir selbst zu, wie ich verendete. Mir ging es nicht gut. Ich lebte ja, obwohl ich tot war. Aber ich war nicht bei den Engeln, ich war nicht eingebettet in der himmlischen Liebe. Ich war noch da auf der Welt, und keiner sah mich. Ich war da, bis ein Gespenst kam und mich mitnahm. Ein Gespenst der anderen Art, vielleicht der Art, wie ich es jetzt bin. Es holte mich hierher auf diese graue, graue Ebene, wo ich mein geistiges Dasein verbringen muss.«

Paul, ein jugendlicher Strafgefangener, der sich im Gefängnis das Leben nahm:

»Ich habe mich erhängt, weil doch sowieso alles Scheiße geworden wäre. Es war alles Scheiße. Ich war Scheiße.«

Du wurdest im Gefängnis misshandelt?

»Prügeleien, Schweinereien, alles, ja. Man hat mich beleidigt, mir Grausigkeiten angetan. Ich war immer in Abwehr und teilte auch aus. Was hätte ich sonst tun sollen? Mein Leben war nichts wert, darum hängte ich mich auf.«

Was hast du dir erwartet, was danach kommt?

»Erwartet? Ich wollte nicht mehr leben. Dieses beschissene Leben nicht mehr leben. Ich wollte nichts mehr hören und sehen. Das habe ich mir erwartet. Tot sein, tot, tot, tot. Ausgelöscht, ja, das wollte ich sein, ausgelöscht.«

Du bist aber nicht ausgelöscht, Paul. Wir könnten sonst nicht miteinander reden.

»Ich weiß nicht, was ich bin. Ich kann mit dir reden oder wie funktioniert das? Also kann ich nicht ganz weg sein.«

Erzähle mir, was genau passiert ist, nachdem der Tod eingetreten ist.

»Was passierte? Ich erhängte mich. Der Tod war gleich da. Ich kann mich nicht erinnern, dass es weh tat. Ich weiß nur mehr, dass ich neben mir war. Der Körper baumelte, und ich schaute mir selbst dabei zu.«

Du warst frei?

»Ja, ich war frei. Das schon. Kein Körper, kein Schmerz, aber ich war da und sah das alles. Es war entsetzlich, es war scheiße. Ich nahm an, dass ich tot bin, aber was macht ein Toter? Ich glaubte, nichts mehr zu spüren, nichts mehr zu tun, aber ich war nicht Nichts. Ich war da und fühlte mich genauso wie in meinem Körper.«

Was geschah dann?

»Was geschah? Ich weiß nicht. Ich blieb mal so. Es war alles verschwommen. Ich war geschockt.«

Herbert

»Ich bin aus dem Leben geschieden, weil ich das Leben nicht mehr lebenswert für mich fand. Die schönen Dinge im Leben, die einem Freude schenken. Ich hatte alles erreicht, und dann ist das Loch da. Das Loch, in das man fällt, wenn die Ziele verloren gehen, wenn man sich selbst älter werden sieht und die Spontanität der Jugend nachlässt. Ich wurde innerlich schwermütig und wollte nicht mehr so leben. Ich bin aus dem Leben gegangen.«

Hattest du Erwartungen von einem Leben danach?

»Ich habe mir danach nicht viel erwartet. Ruhe vielleicht, Gerechtigkeit. Ich hatte keine konkreten Vorstellungen.«

Was ist passiert, als du tot warst?

»Als ich tot war, war ich aber lebendig. Ich war lebendiger als vorher, weil ich alles sah, was ich verursacht hatte. Ich fühlte mit meinen Angehörigen, ich spürte deren Verzweiflung. Alles war von Gefühl bestimmt. Wie soll ich sagen, ich wurde feinfühliger als früher, aber ich konnte niemandem sagen, dass es mich doch noch gibt.«

Warst du alleine?

»Ob ich alleine war? Ja. Erst war ich ganz alleine, bestand nur aus Gefühl, aus Mitleid, aus Traurigkeit.«

War keine Erleichterung da?

»Erleichterung? Nein. Erleichtert war ich nicht. Ich hatte meine Gefühle mitgenommen. Ich fühlte mich nur umsichtiger, aufmerksamer. Ich war ganz da und doch nicht für andere sichtbar.«

Hat sich dieser Zustand jetzt gebessert?

»Ja. Der Zustand änderte sich erst, als ein Geist kam, der mich aus dieser Gefühlsgefangenschaft, um es so zu nennen, befreite. Er brachte mich hierher, wo ich jetzt bin.«

Liselotte

»Ja, ich habe mir das Leben genommen. Ich war in einem für mich nicht mehr sinnhaften Leben. Es war alles für mich wertlos geworden. Ich war müde, ich wollte nicht mehr leben, und dann setzte ich die Tat einfach um. Dann war ich wie weg.«

Was heißt, du warst weg?

»Ich war weg.«

Weg? Warst du bewusstlos?

»Ich war schon bei Bewusstsein. Das war es eben. Ich war nicht tot, wie ich glaubte, sondern ich war noch da, aber trotzdem war ich weg.«

Das verstehe ich jetzt nicht.

»Ich war weg von dem, was auf der Welt passiert. Ich

konnte nicht mehr reden, ich konnte nicht weggehen, ich konnte nur mehr eingeschränkt sehen.«

Was hast du gesehen?

»Was ich gesehen habe? Meinen toten Körper, wie man mich entdeckte, das Entsetzen, die Trauer. Ja, das konnte ich sehen, aber sonst nichts.«

Konntest du weggehen?

»Weggehen? Ich wusste nicht wohin. Also blieb ich dort.«

Bist du abgeholt worden?

»Ja, es hat mich dann wer geholt. Es war eine Wesenheit, die plötzlich da war und sagte, dass ich mitkommen soll. Diese Wesenheit hat mich hierhergeholt. Das ist jetzt mein neues Zuhause.«

Norbert starb durch Euthanasie.

»In diesem Moment wusste ich, ich kann nicht mehr zurück. Ich kann nichts mehr tun, nichts mehr beeinflussen. Ich kann nur mehr geschehen lassen. Es zog mich mit großer Wucht aus meinem Körper. Mein Geist, ich war noch da, mein Körper reglos. Ich sah die Szene von der Decke aus.«

Hattest du Schmerzen?

»Nein, ich hatte keine Schmerzen. Ich war frei sozusagen. Ja, ich fühlte mich befreit. Weg zu sein von dem, was ich nicht mehr war, nicht mehr sein wollte. Ich war getrennt von meinem Körper. Eine Verbindung konnte ich nicht mehr spüren.«

Wolltest du nicht weggehen?

»Weggehen? Ja, das war es. Ich wusste nicht, was ich tun sollte. Ich sah einfach zu und hatte Mitleid mit meiner Frau. Ich wollte zu ihr gehen und sie trösten, aber das konnte ich nicht. Ich konnte mich nicht wegbewegen. Ich klebte an der Decke und kam nicht weiter. Ich musste alles mit ansehen.«

Wie lange?

»Wie lange, das kann ich nicht so sagen. Ich sah zu, solange die Menschen um mich, um meinen Leichnam bemüht waren. Dann wurde ich wieder weggezogen.«

War jemand bei dir?

»Nein, es war niemand da. Keine weitere Seele, kein Gott, nichts.«

Josef

»Als ich tot war und erlöst von diesem Körper, schwebte ich über mir und konnte alles sehen, die Menschen beobachten, wie sie mit mir weiter verfuhren oder dem, was von mir an Körperlichem noch da war. Ich war frei, endlich frei, aber ich war alleine. Das spürte ich sehr bald. Es kamen keine Engelein oder der liebe Gott, um mich zu holen. Ich war da, ohne gesehen zu werden, weder von den Menschen noch von der geistigen Welt.«

War das schlimm? Hast du dir anderes erwartet?

»Ob das schlimm war, ob ich mir mehr erwartet hätte? Nun, man hat so seine Vorstellungen von Liebe. Endlich geliebt zu werden, wenigstens im Himmel geliebt zu werden, aber …«

Josef? Bist du noch da?

»Ja, ja, entschuldige. Aber weißt du, die Enttäuschung war schon groß, als es nicht so war, wie ich es erhofft habe.«

Blieb dieses Gefühl erhalten oder bist du doch noch geholt worden?

»O ja. Es kam dann doch jemand, wenigstens einer, eine … Ein Geist, der …«

Josef?

»Ja, ich überlege nur, wie ich mich ausdrücken soll. Es ist nicht in menschliche Worte zu fassen, was das für eine himmlische Gestalt ist.«

F e r d i n a n d   R a i m u n d versuchte sich zu erschießen. Auslöser war Raimunds Angst, an Tollwut zu erkranken, nachdem ihn sein Hund gebissen hatte. Er starb wenige Tage später an den Folgen seiner Schussverletzung.

Du wurdest von deinem Hund gebissen.

»Der Hund, er biss mich, ja, das war der Auslöser, dass ich mich erschoss. Ich lebte so tief in dem Gedanken, an Tollwut fürchterlich zugrunde zu gehen. Ich sah mich schreien, verrückt werden. Da beschloss ich mich zu richten und richtete die Flinte gegen mich. Dann, ja dann beginnt meine Geschichte hier. Du kannst nicht erahnen, welches Leid ich durchschritt …«

Ferdinand, bist du noch da?

»Ja.«

Willst du mir sagen, was dann geschah?

»Also, ich war tot. Mein toter Körper lag da. Ich war aber da. Ich fühlte wie vorher, ich war der Gleiche geblieben, aber ich konnte nicht mehr reden und nicht mehr um Hilfe schreien. Ich war aber da und hatte noch immer Angst.«

Angst wovor? Tollwut konntest du ja keine mehr bekommen.

»Ich weiß nicht wovor, weil, wie du sagst, Tollwut konnte ich ja keine mehr bekommen. Aber das Gefühl hatte ich mitgenommen. Das Gefühl, mit dem ich zuletzt mit meinem menschlichen Körper in Verbindung war, und das war Angst.«

Warst du alleine?

»Ich war erst alleine, ja und mit meinem Geist starr vor Angst. Ich bewegte mich nicht weg von dem Ort des Geschehens.«

Wie lange warst du in diesem Zustand?

»Ich kann dir keine Zeit nennen, aber ich wurde erlöst durch das Erscheinen einer guten geistigen Gestalt.«

Otto Weininger

»Als ich tot war, schwebte mein Geist oberhalb meines Körpers. Ich fühlte mich aber noch als der, der ich gewesen bin. Ich war von meinem Körper befreit, aber nicht von meinem Denken und Fühlen. Ich fühlte wie vorher und war traurig und niedergeschlagen. Ich hoffte doch anderes, auf Erlösung, aber ich empfand die Loslösung vom Körper nicht als Loslösung meiner Gefühle.«

Sangpo

Was geschah genau, nachdem du tot warst und deinen Körper verlassen hast?

»Als ich tot war, war ich meiner Schmerzen und meines Körpers erlöst. Das, was mich ausmacht, ich selbst, gelangte in einen Zustand des inneren Friedens.«

War jemand bei dir während dieses Vorgangs?

»Ich wurde ein Stück begleitet von einer Seele, die mich in den Frieden führte. Sie geleitete mich hierher und hieß mich zu warten.«

Wer war das? Eine Gottheit?

»Es war keine Gottheit. Es war eine Seele von Klarheit in dem, was sie ausstrahlte.«

Tsultrim, ein tibetischer Mönch:
»Du bist eine Frau, die mit Toten sprechen kann. Nun, gebe ich dir dazu Grund, mit mir zu sprechen?«
Es interessiert mich, wie es dir geht, was du nach deinem Tod erlebt hast, wo du jetzt bist. Es würde mich freuen, wenn du mir davon erzählen würdest. Aber du musst nicht mit mir sprechen, wenn du nicht willst.
»Du bist neugierig auf das, was ich dir zu erzählen habe. Neugier, liebe Frau, ist aber eine Last, die es nicht zu stillen gut ist.«
Ich frage nicht aus reiner Neugier, sondern aus Interesse. Kannst du mir sagen, an welcher Stelle deines Körpers deine Seele den Körper verlassen hat?
»Du stellst sehr gewichtige Fragen. Der Körper ist die Hülle des Seins. Sie ist nur die Hülle. Die Seele ist unsterblich und wird wieder und wieder inkarnieren. Wenn der Körper stirbt, verlässt die Seele den Körper an der Stelle der letzten Konzentration, des letzten Atemzugs. Es geht so schnell vonstatten, dass der Ort nicht mehr greifbar ist. Es ist ein Aushauchen, das Sammeln der eigenen konzentrierten Kraft des Seins, das aus dem Körper gesogen wird. Der Ort, er ist nicht mehr da, wenn der Körper zerfällt. Die Wichtigkeit besteht in dem, was du bist, was du in deinem Leben bewirkt hast, nicht in den letzten fleischlichen Zügen.«
Wurde deine Seele von jemandem abgeholt?
»Ich wurde von meinem Körper weggebracht. Wer das war, welche Kraft das war, ich kann es nicht nennen.«

T h i n l e y, ein Tibeter, der sich ebenfalls aus Protest vor der chinesischen Besetzung seines Landes selbst verbrannte:

»Der Zeitpunkt des Sterbens war für mich ein Prozess, den ich bewusst erleben wollte. Es geschah letztendlich so schnell, dass ich in keinster Weise Einfluss darauf hätte nehmen können.«

Hättest du gerne Einfluss darauf genommen?

»Ja. Ich wollte bewusst sterben, um bewusst in das Stadium der Wiedergeburt zu gehen. Aber der Schmerz nahm mich erst gefangen, und der Moment der Befreiung war schlagartig. Ich war plötzlich außerhalb meines brennenden Körpers und blickte auf mich herab. Der Schmerz war weg. Ich war frei, aber geschockt.«

Warst du glücklich?

»Glücklich? Nein. Glücklich war ich nicht. Ich war geschockt.«

Was geschah dann?

»Ich wurde weggezogen, ein Sog und ich war umgeben von Licht, von hellem nebelartigem Licht. Ich konnte nicht sehen. Es war nur hell, und ich schwebte in dieser Helligkeit.«

Gab es eine Lichtquelle?

»Nein, es gab keine Lichtquelle. Alles war so.«

War jemand bei dir?

»Es war niemand da. Ich war alleine. Seitdem ich tot bin, habe ich keine Gottheiten gesehen. Es war alles bisher nur hell. Ich weiß nicht. Es ist ein angenehmer Zustand des Verharrens. Ich verharre, ja und warte, dass ich weitergehen kann.«

4. Weiterführende Kraftwesen

Die Erzählung über ein namenloses Wesen oder eine Energie, welche die Seele von ihrem Körper abholt, ist zahlreich. Die Benennung schwankt zwischen Geist, Geistführer, Licht, Wächter, Meister oder Seelenwesen. Es ist eine Kraft, der widerstandslos nachgegeben wird. Sie zeigt der Seele Szenen aus ihrem Leben, vermittelt Gefühle, urteilt aber nicht.

Thomas

»Ich wurde von einem Geistführer geholt, der mir zeigte, was ich all den Menschen angetan habe, die nun um mich trauern. Ich war sehr, sehr traurig, dass es um meinetwegen war, und ich kann mich nur aus tiefstem, nicht mehr vorhandenem Herzen bei allen entschuldigen, die für mich leiden und arbeiten mussten. Meinen Eltern, Geschwistern und meinem Kind und meiner Frau und allen, die wegen mir so leiden mussten. Ich spürte es. Es wurde mir gezeigt, und ich war unfähig, sie zu trösten.«

Kannst du deinen Geistführer beschreiben?

»Mein Geistführer ist …«

Es entstand eine Schreibpause.

»Liebe Hannah, irgendwie war der Kontakt jetzt weg. Vielleicht liegt es an der Frage, die ich nicht beantworten darf.«

Seine Antwort irritierte mich.

Warum nicht …?

»Mach dir keine Sorgen. Es ist gut, wenn er kommt,

und bedeutet für mich wieder ein Weiterkommen in meiner jetzigen Arbeit der Aufarbeitung.«

Hat dich der Geistführer von deinem Körper befreit?

»Ja, es war ein Geistführer, der mich wegholte, aber er war nicht freudvoll. Er war ernst und ließ mich spüren, dass es nicht richtig war, was ich mir antat. Der Ort, wohin er mich führte, war ebenso nicht freudvoll, und ich spürte nur mehr die Schwere meiner Tat, sonst nichts.«

Zu einem viel späteren Zeitpunkt, als Thomas bereits in ein glücklicheres Dasein weitergegangen war, fragte ich ihn noch einmal über den Geistführer:

Thomas, ich möchte mit dir noch einmal über die Begegnungen mit den Geistführern nach deinem Tod sprechen.

»Wenn du etwas darüber wissen willst, Hannah, ich kann dir nur sagen, dass das keine sehr freudvollen Begegnungen waren. Ich wusste nicht, wer diese sind, aber sie waren die einzige Kontaktaufnahme, die mir möglich war.«

Warum hast du sie mir gegenüber als Geistführer bezeichnet?

»Ich nannte sie Geistführer. Wie hätte ich sagen sollen? Es waren Geister ohne Körper, und sie verfügten über Einsicht mehr als ich. Ich war an diese gebunden.«

War es einer oder mehrere?

»Einer oder mehrere, es waren ja keine Wesenheiten, die man zählen kann. Es waren Energieformen.«

Kann es sein, dass es auch deine Energie war oder war es eindeutig Fremdenergie?

»War es meine Energie oder Fremdenergie? Es war Energie, Hannah. Es waren keine Figuren, die ich dir beschreiben kann. Es war nur spürbar, dass von dieser

Energieform Aussagen, Hinweise, Gefühle ausgingen. Aber wer oder was das war, das kann ich dir auch heute nicht sagen.«

Hältst du es nicht für möglich, dass es deine eigenen Gedankengänge waren?

»Die Energie, ein Teil von mir, meine Gedankengänge? Hannah, ich weiß es nicht. Wie kann man ein Gefühl beschreiben, das außerhalb von einem liegt? Wenn du nur das Gefühl hast, aber keine Person, zu der dieses Gefühl passt.«

Nochmals: Warum hast du sie Geistführer genannt?

»Warum Geistführer? Wie soll ich dir das sagen? Weil diese Energie mich führte, meinen Geist wegführte.«

Doris

»Der Geist hat keinen Namen. Er ist nett, aber auch distanziert.«

Ist es ein Engel?

»Ein Engel? Nein. Einen Engel stelle ich mir anders vor.«

Martin

Bist du alleine oder ist jemand bei dir?

»Ob ich alleine bin? Der Geist der Erkenntnis, wenn ich ihn so nenne, der mich zur Erkenntnis führen soll, ist bei mir, wenn er mich wieder in mein Leben als Martin führt und mir das zeigt, was geändert gehört. Wenn ich alles wieder fühle, was ich damals gefühlt habe.«

Mohammad

Wenn du auf Erden siehst, ist jemand bei dir?

»Ja, wenn mir das gezeigt wird, ist jemand hier und begleitet mich. Er ist ein Wächter des Jenseits.«

Ist er freundlich?

»Freundlich? Ich sage korrekt. Er redet nicht. Er zeigt mir nur das Leben jetzt und mein Leben davor als Flüchtling.«

Jane

»Ob ich jemanden kennengelernt habe? Ich kann das so nicht sagen. Ich bin alleine hier, aber ich bekomme Unterstützung von einem Seelenwesen, das mich nach meinem unverhofften Tod geholt und mich hierhergebracht hat. Dieses Seelenwesen ohne Namen kommt zu mir und zeigt mir das, was ich sehen muss auf Erden. Es betrifft mein vergangenes Leben und das Leben der Menschen, die mir nahestanden. Ich sehe und spüre, wie es ihnen geht. Ich kann ihre Gedanken lesen und in ihr Innerstes spüren, aber sie wissen nicht, dass ich bei ihnen bin. Dieses Seelenwesen unterstützt mich dabei, weil es Situationen auf der Erde sind, die mir sehr …«

Jane? Bist du noch da?

»Ja, ich bin da. Ich möchte sagen, diese Situationen tun mir weh, wenn ich sie sehe, und ich kann die Situationen nicht ändern.«

Gerhard

Bist du alleine oder ist jemand bei dir?

»Ich bin alleine, bis auf meinen Geist, der sich mir zeigt und mich wieder zur Erde führt, wo das Leben ohne mich weitergeht. Ich sehe zu. Es ist wie ein lebendiges

Kino, aber ich sehe nur zu und fühle mit allen Wesen, den Menschen, ja auch den Tieren, meinen Pferden.«

Wie fühlen Pferde?

»Wie Pferde fühlen? Sie haben Schmerzen. Sie sind traurig, wenn sie nicht so gehalten werden, wie sie wollen, wenn sie sich nicht bewegen können, ihre Artgenossen vermissen, und sie können auch zufrieden sein, wenn sie all das bekommen, nach dem sie sich sehnen, was sie zum Leben brauchen.«

Das klingt interessant.

»Ja, es ist auch für mich interessant als Tierarzt, der ich ja nicht mehr bin, posthum sozusagen in meine Tiere zu blicken. Aber es scheint für alles zu spät zu sein.«

M o h a m e d

»Ich war tot. Ja, plötzlich hatte ich keine Schmerzen mehr und wurde neben dem, was ich einmal war, munter. Ich war hellwach. Ich war in einer anderen Welt neben der unsrigen. Der Tumult, der Lärm der Erde, ich sah alles und war nicht betroffen. Ich war wie in einem Schleier, der mich von dieser Welt entfernt hielt.«

Du warst nicht mehr auf der Erde und warst doch hier?

»Ja, ich verweilte dort und hier. In der Welt und doch nicht darin, bis der Geist kam, der mich wegholte von der Erde und in eine Welt des Vorhimmels brachte, wo ich jetzt bin.«

Ein Vorhimmel? Woher hast du dieses Wort?

»Ja, ein Vorhimmel. Es ist ein Wort, das ich verwende, weil ich mich hier auch so fühle. Der Geist, er war da, ein namenloser Führer, ein Wächter der diesseitigen Welt. Ich muss akzeptieren, was er mir sagt. Er sagt mir, dass ich hier zu verweilen habe, bis ich erlöst werde und in den wahren Tod gehen kann, ins Paradies, zu Allah.«

Josef

»Die himmlische Gestalt übermittelte mir, ihr zu folgen, was ich auch tat. Sie war streng, aber doch irgendwie liebenswert. Ich kann dir nur sagen, was sie mir vermittelte, und wir waren dann plötzlich weg von der Erde, in dieser mir neuen Welt.«

Ist diese geistige Gestalt noch bei dir?

»Diese geistige Gestalt ist hier, ja. Aber sonst niemand.«

Was sagt sie noch zu dir?

»Sie hat mir gesagt, dass ich zu warten habe, auf den Himmel, auf mein Weitergehen, auf meine Erlösung. Sie zeigte mir Etappen, Situationen aus meinem Leben. Ich spürte in diese Erlebnisse hinein, in die Gefühle der anderen. Ich sah mein verhunztes Leben.«

Hat sie etwas zu deiner Entscheidung zu sterben gesagt?

»Zu meiner Entscheidung zu sterben? Nein, diese Gestalt urteilt nicht. Ich sah meine Entscheidung, meinen Tod, und ich fühlte wieder meine Traurigkeit über mein Leben. Aber das war es. Ich wurde nicht belohnt, ich wurde nicht verurteilt.«

Franz

»Es änderte sich erst etwas, als jemand kam. Eine geistige Gestalt.«

Ein Engel?

»Nein, nicht engelsgleich, aber lebendig. Ja, für mich

als Geist auch ein Geist, nur ein Klügerer. Ein Geist, der zu wissen schien, wo es langgeht. Dieser Geist kam und befreite mich. Ich konnte weitergehen.«

Peter
Wurdest du abgeholt, als du tot warst?
»Ja, ich wurde abgeholt, wie man so schön sagt, von einer Engelsgestalt. Aber es war kein liebevoller Engel. Er redete nicht. Er befahl mir, ihm hierher zu folgen. Das war es auch.«
Hatte er Flügel wie ein Engel?
»Nein, er hatte keine Flügel. Ich nenne ihn Engel, weil ich nicht weiß, wie ich sonst zu ihm sagen soll.«

Maria
Wurdest du von deinem Körper abgeholt?
»Es kam, ja, es kam jemand, um mich von diesem grausamen Ort zu befreien.«
Wer war das?
»Wer das war, ich weiß nicht. Ein Geist möchte ich sagen. Er nahm meine Seele in seine Hand und ließ mich mit ihm gehen.«
Wohin?
»Hierher. Ich nenne es Paradies, aber es ist kein Paradies. Nicht so eines, wie ich gerne hätte. Was ich tue, ist warten. Ich warte auf meinen Mann und auf Engel, auf Heilige, den heiligen Geist spirito santo, auf Seelen, die mir nahe sind.«
Der Geist, hat er zu dir gesprochen?
»Der Geist, nein. Er hat sonst nichts gesagt.«
Siehst du ihn noch?

»Ich sehe ihn, wenn ich rufe. Dann kommt er und tröstet mich.«

Wie macht er das?

»Wie er das macht? Ich spüre seine Liebe. Das ist schön.«

Sagt er etwas zu dir?

»Er sagt sonst nichts, nein.«

Raimund

»Der Geist hat mich abgeholt, als ich so hilflos neben meinem erhängten Körper war, und er hat mich hierher-geführt. Er ist bisher mein einziger Gesprächspartner ge-wesen. Er redet aber nicht so viel. Er zeigt mir nur immer wieder, was sich in der Welt so tut, und er hat mir gesagt, dass ich einmal weitergehen kann, in eine schönere Welt.«

Jacqueline war 12 Jahre alt, als sie sich in den Tod stürzte.

Hast du die Möglichkeit mit jemandem zu reden?

»Ob ich mit jemandem reden kann? O ja, schon. Da ist jemand, der so wie ich da ist.«

Ist das auch jemand, der sich das Leben genommen hat?

»Nein, das ist kein Mensch gewesen. Aber er kümmert sich um mich. Er redet mit mir.«

Worüber?

»Worüber? Dass ich nicht hätte springen sollen. Dass viele weinen, aber dass alles einmal vorbei sein wird und ich dann in den Himmel gehe.«

Robert

»Ich hing jedenfalls noch, als ich dann doch von die-sem Ort weggezogen wurde.«

War zu diesem Zeitpunkt jemand bei dir?

»Ich war alleine. Plötzlich war ich aber von dort weg und war an einem Ort von hellem Licht. Es war hell, es war gut. Das Licht, ja es war gut.«

Hast du Engel oder andere Wesen gesehen?

»Ich sah keine Engel, nein. Ich sah nie jemanden. Aber ich bekam das Gefühl vermittelt, dass ich noch nicht willkommen war. Der Himmel, das Tor war zu, so stell ich mir das vor. Der Grund ist der meines freiwilligen Todes. Das war nicht gut. Seither bin ich hier.«

Ist das Licht immer noch um dich?

»Ja. Es ist ein Licht, das mich umgibt.«

Spricht es zu dir?

»Sprechen? Nein, es spricht nicht. Es vermittelt mir nur Gefühle und die bedeuten für mich zu warten auf Erlösung.«

Siehst du auf die Erde?

»Auf die Erde darf ich sehen mit Entsetzen. Alles, was mir wichtig war, ist jetzt bedeutungslos geworden. Mein Leben, alles, was ich aufgebaut habe, verschwunden. Es ist nicht schön. Die Erde interessiert mich nicht. Ich will in den Himmel weitergehen.«

Michael Leopold Enk von der Burg

»Wem ich begegnet bin? Einer großzügigen Seele der Barmherzigkeit, die mich abholte und hier in den Himmel brachte.«

Ferdinand Raimund

»Ich wurde erlöst durch das Erscheinen einer guten geistigen Gestalt.«

Ein Engel?

»Nein, ich glaube nicht. Es war ein Wesen, aber liebevoll. Es beorderte mich, ihm zu folgen.«

Wie sah es aus?

»Wie es aussah? Da fehlt mir jede Beschreibung. Es war mehr ein Fühlen als Sehen, das Wissen, es ist jemand bei mir, der mir hilft. Dieses gute Wesen brachte mich zu einem Ort des Verweilens, der Ruhe. Ein Ort ohne Angst. Ich fühle mich hier geborgen.«

Der Weg bis zu diesem Ort, kannst du ihn beschreiben?

»Der Weg? Ich weiß nicht, welche Etappe das war. Das kann ich dir nicht nennen. Es war eher ein Mitgenommenwerden von dieser guten Seele.«

Seele? Ist es eine Seele?

»Eine Seele? Nun, du bringst mich in gedankliche Nöte.«

Das tut mir leid, aber mich interessieren deine Antworten. Daher stelle ich dir so viele Fragen.

»Ja, ich weiß, du fragst, du kannst nicht wissen. Ich glaube, dass es ein gutes Wesen ist, engelsgleich, aber doch nicht ein Engel mit Flügeln oder Ähnlichem.«

Das heißt, du hast jetzt keine Angst mehr.

»Nein, ich kenne keine Angst mehr. Ich bin jetzt in einem Zustand des inneren Friedens. Ich fühle mich gut.«

Bist du alleine oder hast du andere Seelen um dich?

»Du willst alles von mir wissen. Nun, ich erzähle gerne, weil ich fasziniert bin von der Art, wie du mein Denken zu Papier bringst. Ich bin alleine. Ich habe hier keine Freunde, keine Frau. Ich bin alleine.«

Fühlst du dich einsam?

»Einsam? Nun, dieses Gefühl gibt es hier nicht.«

Aber du hast noch Kontakt zu diesem guten Wesen, das dich hierherbrachte.

»Ja, das ist mein einziger Kontakt.«

Wie oft ist dieses Wesen bei dir?

»Wie oft kann ich nicht sagen. Aber dieses Wesen ist dann bei mir, wenn es mich wieder herabführt auf die Erde. Ich sehe dann euer Leben.«

Kannst du die ganze Welt sehen?

»Nein, ich sehe nicht die ganze Welt. Ich sehe die Orte, die mir bekannt waren, und deren Veränderung.«

Ist das gut? Wie fühlst du dich dabei?

»Gut? Ich empfinde Freude, wenn mein Name weitergeführt wird in Form eines Theaters, meine Stücke gelesen und aufgeführt werden.«

Möchtest du Kritik anbringen?

»Kritik? Nun, da würden wir uns jetzt zu sehr vertiefen in Menschliches. Das geht nicht mehr. Ich lasse der Welt aber gerne ausrichten, dass ich mit meiner Freude über das Verstehen meiner geschriebenen Werke ihr verbunden bin.«

Was hast du auf Erden alles sehen dürfen?

»Nun, ich konnte Szenen aus meinem Leben sehen, ja und dieses liebe Wesen ließ mich gefühlsmäßig wissen, ob meine Handlungen der Welt hier recht waren oder nicht. Ich fühlte alles mit.«

Hat dir dieses Wesen auch gesagt, ob dein voreiliger Schritt in den Tod gerechtfertigt war?

»Ja. Aber ob mein voreiliger Schritt in den Tod gerechtfertigt war, das sagte mir das liebe Wesen so nicht. Aber es sagte mir, ich könne nun hier bleiben und Ruhe finden. Der Himmel sei es noch nicht.«

Das waren genau die Worte dieses lieben Wesens?
»Ja. Nicht Worte, sondern das, was es mir vermittelte.«

Otto Weininger
»Abgeholt wurde ich von einer guten Seele, einem Geist. Dieser holte mich weg und führte mich hierher.«
Hat er gesagt, wie er heißt?
»Nein, er stellte sich nicht vor, aber er vermittelte mir Kraft und Vertrauen.«

Jack London
(Schriftsteller, 12.1.1876–22.11.1916)
»Ich wurde von einer geistigen Gestalt, einem Wesen aus Nebel, so wie ich, ein farbloses Etwas, das aber Güte und Strenge zugleich ausstrahlte, weggeholt. Ich durfte mich plötzlich wegbewegen, und ich durfte hierhergehen. Nur ist das nicht der Himmel für mich. Es ist einsam und eintönig.«
Hat dieses Wesen etwas zu dir gesagt?
»Nur, dass ich hier bleiben soll, bis ich erlöst werde.«
Hat es dir gesagt, wann das sein soll?
»Nein, es hat nicht gesagt, wann dieses Ereignis stattfinden soll, noch von wem ich erlöst werden soll.«

Tenzin
»Das Warten ertrage ich mit Geduld. Ich kann auf die Erde sehen.«
Immer?
»Immer? Das ist bedeutungslos. Aber ich sehe das, was mir von einer geistigen Gestalt, einem Meister gezeigt wird. Er ist bei mir und zeigt mir mein Leben. Er sagt,

was gut und nicht so gut war, und ich betrachte seine Unterweisungen als Vorbereitung für das, was noch auf mich zukommen wird. Die Prüfungen, die ich, die jede Seele durchlaufen muss, bevor sie in die richtige Inkarnation geht. Diese Prüfungen sind wichtig, und ich darf keine Fehler begehen. Ich darf mich nicht verlieren.«

Ist es im Buddhismus nicht verboten, sich selbst zu töten?

»Ja, es ist nicht erlaubt, sich selbst zu töten, und schlechtes Karma wird einem vorausgesagt. Ich aber sehe mich als Märtyrer. Ich bin nicht aus meinem Leben geflohen. Ich habe mein Letztes hingegeben für Tibet. Das ist etwas anderes und wird mir gutgeheißen.«

Sagt das dein geistiger Meister?

»Der geistige Meister hat mir gesagt, dass ich auf weiteres Vorgehen zu warten habe. Er hat meine Tat nicht beurteilt.«

Norbu

»Als ich tot war, kam ein … Ich weiß nicht wer, ein Meister, der mir sagte, dass ich ihm zu folgen habe. Er brachte mich hierher auf eine Ebene im grauen Zustand. Ich bin hier und warte auf den Eintritt in die Prüfungen des Bardo.«

Wie lange noch? Du weißt, dass bei uns schon über zwei Jahre seit deinem Tod vergangen sind.

»Ja, ich weiß, dass die Zeit auf Erden vergeht. Aber hier ist das nicht so. Ich nehme das hier nicht wahr.«

Darfst du das Leben auf Erden weiterverfolgen?

»Ja, ich darf mit dem Meister zu unserem Kloster nach Tibet sehen, wie ein Zuseher, der nicht einschreiten kann, und sonst warte ich.«

Hat dieser Meister noch etwas zu dir gesagt?

»Er hat gesagt, ich muss auf mein Weitergehen warten. Ich darf dann erst weitergehen, wenn er es mir sagt.«

Ist das nicht langweilig?

»Nein, es ist so. Ich bin hier und warte.«

Lobsang

Wie heißt der Ort, wo du nun bist?

»Das weiß ich nicht. Ich weiß nicht, wo ich bin. Ich weiß nur, dass ich zu warten habe.«

Wer hat dir das gesagt?

»Woher ich das weiß? Ich wurde nach meinem Tod hierhergebracht.«

Von wem?

»Es war jemand, ich weiß nicht, ob es eine Gottheit war. Sie wirkte nicht auf mich wie eine Gottheit, aber es dürfte ein Meister gewesen sein, der mich hierherbrachte.«

Du bist in einem Krankenhaus an deinen Verbrennungen verstorben. Stimmt das?

»Ja, ich bin an meinen Verbrennungen gestorben. Ich war plötzlich außerhalb meines Körpers und hatte keine Schmerzen mehr. Ich fühlte mich leicht, aber ich konnte mich nicht von meinem Körper wegbewegen. Dann kam ein Meister und brachte mich hierher.«

Wie sah er aus?

»Wie er aussah? Wir haben kein Aussehen mehr. Es war wie eine Art von Kraft, die eine Wesenheit formte, die mit mir reden konnte.«

Wie kann sie reden?

»Wir denken und erkennen das, was wir denken, so wie ich mit dir jetzt reden kann.«

Was sagte der Meister?
»Er sagte nur, dass ich mitkommen soll.«

5. Selbstwahrnehmung

Was empfindet eine Seele zwischen Himmel und Erde? Wie sieht sich die Seele selbst?

Äußerlichkeiten gibt es keine mehr und sind für die Seele auch nicht mehr interessant. Seelen können ihre Angehörigen zwar erkennen, sich ihnen aber nicht mehr bemerkbar machen. Es scheint, als wenn die Wahrnehmung Angehöriger nicht mehr über Sinnesorgane, als vielmehr über die Gefühlsebene stattfindet. Die Seele spürt, was Angehörige fühlen.

Im Gespräch mit Thomas konnte ich ansatzweise erahnen, wie sich eine solche Art von Wahrnehmung anfühlen könnte:

Thomas

Wie siehst du jetzt eigentlich aus oder wie nimmst du dich nun selbst wahr?

»Wie ich mich wahrnehme? Ja, stimmt, das muss ich dir noch erklären. Also meinen schönen großen Körper habe ich nicht mehr. Aber ich fühle mich als der, der ich war. Ich bin ein Gefühlshaufen, bestehe aus Gehirn und Gefühl, ohne dass man das mit menschlichen Augen sehen kann. Ich kann sehen, was mir auf der Erde gezeigt wird, und hier ist sowieso alles grau.«

Fühlst du dich groß oder klein?

»Ob ich groß bin oder klein bin – lustige Frage. Ich weiß nicht, es spielt auch keine Rolle.«

Kannst du hören?

»Hören, nein, ich höre nicht. Musik habe ich leider

noch keine gehört, und das Kommunizieren geht irgendwie über Gedankenkraft.«

Riechen?

»Nein, riechen kann ich auch nichts mehr, aber fühlen, ja das kann ich in alle Tiefen. Ich spüre in die Traurigkeit der anderen hinein …«

Ich bekam ein beklemmendes Gefühl.

»Liebe Hannah, ich muss immer wieder pausieren, weil es schrecklich ist, was ich da so mitbekomme. Ich spüre in die Menschen, die mir gezeigt werden, deren Gefühle, die durch mich verursacht wurden und noch immer werden. Das ist die Schulung.«

Wie in der Schule?

»Wie in der Schule, nein. Es ist aber hart, weil du deine Fehler nicht mehr ändern kannst. Aber du wirst auch belohnt.«

Eben – ich denke mir, du warst beliebt, du hast doch auch so viel Gutes in deinem Leben getan.

»Ja, ich war auch lieb. Das wird mir auch angerechnet und liebevoll gezeigt.«

Siehst du dich als Seele eigentlich noch als Mann oder ist das Geschlecht in deinem jetzigen Zustand egal?

»Hannah, als Mann? Nun, ich fühle mich als der, der ich zuletzt war, als Thomas, und da war ich Mann. Ich habe keine männlichen Funktionen mehr, du weißt schon, was ich meine, aber ich fühle mich trotzdem als der, der ich war.«

Ein anderes Mal schrieb ich mit Thomas zeitig in der Früh. Ich hatte das menschliche Bedürfnis, mich für mein morgendliches Aussehen zu entschuldigen. Es kam eine Bestätigung, dass diese »irdischen Äußerlichkeiten« für die Seele keinen Belang mehr haben.

Es ist in der Früh. Ich sehe noch etwas verschlafen aus, entschuldige …

»Es spielt keine Rolle mehr, ob du schön frisiert bist oder nicht. Ich spüre in erster Linie deine Gefühle. Das Aussehen ist hier nicht wichtig. Das ist vorbei. Leider.«

Was kannst du alles erkennen?

»Ich sehe dich, dass du im Bett sitzend schreibst. Deine Umgebung nehme ich nur zum Teil und nicht klar wahr.«

Ich konnte an Thomas' Begräbnis nicht teilnehmen und wollte mich dafür bei ihm vorab entschuldigen. Bevor ich in die Arbeit fuhr, wollte ich ihn das wissen lassen.

Wundere dich nicht, warum ich nicht bei deinem heutigen Begräbnis dabei sein werde. Ich habe Dienst, es tut mir leid, ich kann nicht kommen.

»Liebe Hannah, bist du deswegen aufgestanden, um mir das zu sagen? Du bist so lieb. Liebe Hannah, ja, ich werde bei euch heute bestattet. Sei doch froh nicht dabei zu sein oder glaubst du, das wäre für dich angenehm? Wir sind doch ohnehin in Kontakt, und das Begräbnis ist etwas für die Familie, ein Abschluss.«

Wirst du selbst dabei sein?

»Ja, ich werde selbst dabei sein. Ja, ich werde müssen, und ich werde all die Gefühle wieder zu spüren bekommen und werde keinen Trost spenden können.«

Nachdem Thomas bestattet wurde, fragte ich ihn danach.

Warst du bei deinem Begräbnis?

»Ja, ich war dabei. Es war natürlich so, wie es bereits für mich zu erwarten war. Die Traurigkeit, manche Gleichgültigkeit. Ich spürte durch innerlichen Aufruhr, aber auch Gerede um meine Person. Ja, ja, so ist es nun mal, wenn man so etwas tut.«

Du hast gehört, was über dich gesprochen wurde. Du sagtest aber, du kannst nicht hören – wie geht das?

»Ja, es ist so. Ich kann dir erklären, dass ich hören darf, wenn es mir erlaubt ist. Dann höre ich die Menschen reden.«

Hast du dann auch Musik gehört? Ich war ja nicht dabei, aber bei deinem Begräbnis wurde sicher auch musiziert, irgendeine Trauermusik ... Hast du die gehört?

»Ob ich Trauermusik gehört habe? Das ist eine Frage ... Ja, du willst wissen, was ich hören kann ohne Gehör? Das geht so nicht. Hannah, es ist so schwierig zu erklären. Ich weiß einfach, was gesprochen wird. Ich kann nicht in die Hirne der Menschen hineinkriechen, aber ich fühle, was gedacht wird.«

Was dich anbelangt.

»Ja, nur was mich anbelangt.«

Und was ist jetzt mit der Musik?

»Hannah, Musik ist etwas Erfreuliches. Das darf ich nicht erleben. Ich hätte mich vielleicht an meinem Begräbnis sonst noch freuen können, wenn es eine schöne Arie gespielt hätte. Nein, ich habe keine Musik gehört, aber sicher deshalb nicht, weil ich halt nicht im richtigen Himmel bin.«

Die Beschreibungen der Selbstwahrnehmung anderer Seelen, mit denen ich in Kontakt war, möchte ich folgendermaßen zusammenfassen:

Doris

»Liebe Hannah, du willst wissen, wie es mir da geht,

wo ich bin. Leider kann ich dir nur sagen, dass es mir hier nicht besser geht. Nur weil ich keinen Körper mehr habe, heißt es nicht, dass ich nichts mehr empfinde. Es ist so, dass ich all mein Leid mitgenommen habe. Ich fühle mich nicht besser, nur ich bin hier und kann nichts ändern an meiner Situation. Ich sehe meine Lieben weinen, und ich möchte mit ihnen weinen und kann es nicht mehr, weil ich ja keine Tränen mehr habe.«

Liselotte

»Das ist jetzt mein neues Zuhause. Es ist hier …«

Liselotte? Bist du noch da?

»Ich habe nur überlegt, wie ich das beschreiben soll. Es fehlt mir an nichts, weil ich ja nichts mehr brauche. Ich habe ja keinen Körper mehr, den man pflegen muss. Ich brauche nichts mehr zu essen. Du kannst das wahrscheinlich nicht verstehen, aber ich bin halt nur da.«

Hattest du auf Erden eine Vorstellung von dem, was passiert, wenn du tot bist?

»Ich glaubte schon, dass ich zu meinen Lieben komme, dass ich alle wiedersehen werde, die schon gestorben waren. Aber das war wohl nur ein schöner Gedanke von mir auf Erden gewesen.«

Bist du jetzt glücklich?

»Ob ich glücklich bin hier? Nein, glücklich nicht, aber es ist halt alles jetzt so. Es gibt keine Tränen mehr zu weinen. Ich kann nicht rufen. Ich kann nicht lachen. Ich kann nichts mehr, also kann ich auch nicht traurig sein oder Glück empfinden.«

Das klingt, als wärst du auch innerlich tot.

»Innerlich tot? Ja, vielleicht bin ich das. Irgendetwas

von mir ist ja noch da, sonst könnte ich nicht einmal sein oder mit dir jetzt reden.«

Aber du fühlst ja auch, wenn die Wesenheit dir deine Erlebnisse auf der Erde zeigt?!

»Ja, das stimmt. Das spüre ich. Ich sehe, was ich gut oder schlecht gemacht habe. Ja, ich spüre meine guten und nicht so guten Gefühle, die ich damals hatte.«

Jacqueline

»Ich bin also tot, nicht wahr?«

Dein Körper ist nur tot, Jacqueline. Du selbst lebst aber weiter.

»Ja, mein Körper ist tot. Das weiß ich schon, und alle glauben, dass ich tot bin. Nur sage mir, warum fühle ich mich dann nicht tot?«

Weil deine Seele weiterlebt. Sie kann nicht sterben.

»Das heißt, ich sterbe nie?«

Was ist passiert, Jacqueline, nachdem du gesprungen bist?

»Ja, ich glaubte, tot zu sein. Als ich dann zerschmettert dalag, war ich aber trotzdem da und konnte alles sehen, und ich sehe bis heute, wie meine Oma leidet und sich so viele Menschen Vorwürfe machen. Ich bin in den Mittelpunkt gerückt, aber so wollte ich das auch nicht. Mich nimmt ja keiner wahr.«

Simon

»Ich erwachte neben meinem Körper, konnte plötzlich hören.«

Du kannst hören?[4]

---

4   Simon kam taub zur Welt.

»Ja, ich kann hören. Ob es wirklich Geräusche sind oder ich Gedanken lesen kann oder vernehme, was die Menschen sagen – es ist so, dass ich weiß, was gesprochen wurde. Ich hörte die Menschen über mich reden, über mein Leid, ob es gerechtfertigt war, dass ich mir den Tod wünschte. Es war für mich ganz klar, was die Menschen sagten.«

Die Stimmen der Menschen – die müssten ja auch unterschiedliche Tonlagen gehabt haben.

»Ja, die Stimmen waren zu unterscheiden. Aber es war eine Einheit mit dem, was die Menschen dachten, was sie fühlten. Wie soll ich dir sagen? Es waren Gefühle im Raum, ich nahm alles gleichzeitig wahr.«

Franz

Kannst du dich bemerkbar machen?

»Bemerkbar kann ich mich nicht machen, nein.«

Würdest du es denn wollen?

»Wollen. Diese Frage stellt sich nicht. Natürlich würde ich auf der Erde, wenn ich Mensch geblieben wäre, weiter handeln, mich einmischen, mich wichtigmachen. Als Seele ist das anders.«

Aber hast du nicht das Bedürfnis dich mitzuteilen?

»Bedürfnis mich zu äußern? Du wirst das nicht verstehen. Nein, ich habe dieses Bedürfnis nicht. Ich bin jetzt dort, wo man beschwerdefrei, bedürfnisfrei ist. Ja, das kann ich so sagen. Ja, es geht mir gut. Austauschen, das brauche ich nicht mehr. Ich muss auch nicht mehr auf irgendeine Art und Weise lustig sein. Ich muss niemanden mehr unterhalten.«

Ivan

»Ich dachte, es gäbe keine Gesetze, wenn ich tot bin. Ich wollte vor den Gesetzmäßigkeiten in der Welt flüchten. Aber auch hier gibt es ungeschriebene Gesetze.«

Welche Gesetze meinst du?

»Eben die der Kommunikation. Ich bin in Isolationshaft sozusagen. Es ist niemand um mich. Ich bin alleine. Ich kann auch nicht mehr in Hungerstreik treten, weil ich kein Essen mehr benötige. Ich kann nicht um Hilfe rufen, weil ich keine Stimme mehr habe.«

Aber du kannst dich doch ausdrücken?

»Ich kann mich ausdrücken, ja. Ich sende das aus, was ich bin, was ich war, nur wer soll das empfangen?«

Peter

»Ich bin hier zur Untätigkeit verdammt, bin Zuseher in erster Reihe und überwache die weiteren Geschehnisse zu Hause und in der Arbeit. Niemand hat mich jemals bemerkt. Ich wollte nicht mehr leben an sich, wollte weg von hier. Alles andere hatte ich nur erhofft. Ich hoffte auf eine schönere Welt mit Blumen, mit Freude, mit Treffen vieler, die man gekannt hat.«

Das heißt, du bist nicht an so einem Ort.

»Nein, ich bin nicht dort. Ich bin eigentlich mehr auf der Erde. Alles andere hier ist nur ein Nichts im grauen Schein eines Nebels.«

Paul

»Wie es mir geht? Ich weiß nicht, was ich dir sagen soll. Wie soll es mir gehen? Ich bin tot, da gibt es kein Leben mehr.«

Aber du merkst doch, dass du lebst, auch wenn du keinen Körper mehr hast. Du könntest doch sonst nicht mit mir sprechen.

»Ja, das stimmt. Ich lebe doch, aber wie? Ich bin wie eingefroren in meinen Gedanken. Ich bin mein Kopf ohne Kopf, und ich fühle ohne Haut.«

Du bist jetzt Seele.

»Seele? Seele? Was soll das? Ich bin der, der da als Mensch lebte, ein Scheißleben, und ich wurde auch so behandelt.«

Franz Hofdemel

»Es nimmt mich niemand wahr. Ich bin eine Seele, die herumzieht, die einfach da ist, ohne wahrgenommen zu werden. Mein Geist, der Geist des Franz Hofdemel ist auf der Erde, aber ich brauche keine Unterkunft. Ich brauche kein Essen, kein Trinken, kein Geld, nichts.«

Stefan Zweig

(Schriftsteller, 28.11.1881–23.2.1942)

»Das Gespräch ist einmal möglich, und das allein scheint mir ja als Wunder, als eine von Gott gegebene und geschenkte Gelegenheit auch Buße zu tun.«

Buße?

»Buße. Liebe Hannah, ich hatte vergessen Buße abzulegen, bevor ich mich zum Sterben hinlegte. Ich dachte an alles, nur nicht an Gott. Dass Gott mir nicht vergeben wird können, weil ich ihm vorgriff. Es war mir nicht möglich, Buße als bisherige Seele abzutun.«

Warum kannst oder konntest du es nicht tun? Ich meine, du strahlst ja sicher das Bedauern darüber aus?!

»Wie soll ich dir das beschreiben? Dieser Zustand hier erlaubt mir nicht, das zu tun, was ich gerne möchte. Ich bin, war da, aber ungesehen, ungeliebt. Ich bin da, um hier zu sein, ohne eine Aufgabe, ohne das Zeichen einer Vergebung. Was ich aussende, ist der Zustand, mit dem ich zugrunde gegangen bin. Man wird mich hier als das erkennen, was ich auf Erden war, und ich ging ohne Reue.«

Wenn du jetzt die Reue in dir trägst – sendest du das nicht aus?

»Ich kann keinen Zustand neu erarbeiten. Das geht nicht.«

Aber mir gegenüber kannst du dich äußern.

»Ja, das ist wahr. Dir kann ich mein Leid klagen. Das ist wunderbar, aber es ist die erste Gelegenheit, die ich dazu habe. Ich konnte mich bisher nicht äußern, war wie gefangen.«

Ferdinand Raimund
Kannst du Freude empfinden?

»Ob ich also Freude empfinden kann? Ich kann meine Gefühlswelt hier so beschreiben, dass ich in tiefem Frieden bin. Der beinhaltet inneres Glück.«

6. Dasein zwischen Himmel und Erde

Wenn Seelen versuchen mir ihren Aufenthaltsort mitzuteilen, erfolgt beim Schreiben manchmal eine Pause.
Dieser Ort kann mit menschlichen Worten nur schwer
beschrieben werden. Keine Seele konnte mir eine klare
Definition von dem Dasein zwischen Himmel und Erde
geben. Es gibt aber bei diesen Erklärungen Ähnlichkei-
ten, das »Nichts«, dieses einfach »nur Sein« darzulegen
und es mit wenigen Worten zu umschreiben.

Vielmehr existiert noch eine starke Bindung zur Erde
und zu dem Leben, das geführt wurde. Die Erinnerung
an alles, was einmal war, ist intensiv. Es ist der Seele aber
nicht mehr möglich, Änderungen vorzunehmen. Die Seele
darf zu den ihr bekannten Plätzen und zu ihren Angehörigen gehen. Wenn sie durch ihren Tod Leid verursacht hat,
muss sie dieses mitfühlen, ohne Trost spenden zu können.

Die meisten Seelen spüren, dass es noch einen anderen
Zustand, eine weitere Form des Daseins geben muss. Ihr
momentanes Verweilen in dieser »Zwischenwelt« dürfte
noch nicht ihr Endziel sein. Sie wissen aber weder »wohin« noch »wann« sie weitergehen können, um einen
neuen Zustand des Seins zu erreichen. Die Zeit ist nicht
relevant und existiert nicht.

Ich möchte zuerst wieder Thomas auf meine bohren-
den Fragen antworten lassen.

Thomas
»Ich bin gefangen auf einer geistigen Ebene, die es mir
nicht erlaubt, mich weit fortzubewegen.«

Wie sieht es dort aus, wo du bist?

»Es ist einfach Raum. Es gibt keine Pflanzen oder Häuser oder Ähnliches. Es ist ein dreidimensionaler Raum, in dem ich mich rauf, runter, hin und her bewege, aber im Großen und Ganzen gefangen bin.«

Darfst du auf die Erde sehen?

»Ja, es ist mir erlaubt, auf die Erde zu schauen, aber nur in Bereiche, die mich anlangten. Ich darf den Kummer sehen meiner Angehörigen, und ich darf in die Arbeit gehen und euch beim Arbeiten zusehen.«

Der Gedanke, dass Thomas meinen Kollegen und mir während unserer beruflichen Tätigkeiten zusehen könnte, war absurd.

»Hannah, wenn du schmunzelst, ich sag dir, dass es bei euch noch sehr gut zugeht. Freu dich an deiner Arbeit.«

Besitzt du jetzt mehr Wissen als auf der Erde?

»Wenn du fragst, ob ich jetzt mehr Einsicht habe, als als Mensch Thomas, so nur in dem Bereich der Herzenswärme. Ich bin nicht schlauer geworden, und ich habe auch nicht den Einblick in fremde Menschenleben. Aber ich kann auf der Gefühlsebene weiter blicken als auf Erden, mit dem traurigen Unterschied, nicht mehr handeln zu dürfen.«

Können wir oder kann ich etwas für dich tun?

»Wenn du fragst, was du oder andere für mich tun könnt, ist beten.«

Das hilft?

»Ja, weil ich diese Gebete für mich spüre und mir leichter wird dadurch. Ich werde die Ebene deswegen nicht wechseln können, aber es gibt mir Wärme.«

Hast du schon verstorbene Bekannte oder Verwandte ge-
troffen?

»Die Frage nach Bekannten oder Verwandten kann
ich dir leider nicht mit Ja beantworten. Ich habe bislang
niemanden getroffen, den ich gekannt habe, aber wohl
deshalb, weil ich mich selbst richtete. Es wird für mich
alles noch dauern. So ist es jetzt nun einmal. Aber wie
du siehst, ich bin nicht ganz allein gelassen und habe
Hoffnung auf ein Weiterkommen.«

Wie kann man sich das vorstellen? Du bist in einem leeren
Raum und kannst dennoch auf der Erde sein? Geht das
gleichzeitig?

»Du kannst dir vorstellen, dass ich auf dieser zeitlosen
Ebene bin, auf der ich mich weiter bewegen darf, aber
es gibt hier nicht viel zu sehen. Es ist hier nicht dunkel,
aber auch nicht wirklich hell. Es gibt aber sonst nichts,
an dem man sich freuen könnte. Es ist wie ein Nichts.
Wenn von oben, sag ich mal, Geistwesen kommen, so
dann, um eine Art Unterricht zu erteilen. Ich bin dann
mit dem Geistführer alleine. Er zeigt mir in Etappen
mein menschliches Leben, meine guten und schlechten
Handlungen. Er zeigt mir die Gefühle der Menschen,
die dabei waren, und ich fühle zutiefst in all diese Richtungen. Der Sinn daraus ist, dass ich lernen soll, Gefühle
zu erlernen, die ich damals nicht spüren konnte und die
Richtigkeit der Handlungen zu verstehen.«

Betrifft dieser Rückblick nicht uns alle, wenn wir gestor-
ben sind?

»Ich weiß nicht, ob das dann jede Seele erdulden muss,
die in den Himmel eingeht, aber zumindest ich muss da
durch, und dann darf ich auch die aktuellen Gescheh-

nisse rund um mich, meine Familie und Angehörigen sehen, wie es ihnen jetzt geht. Ich darf aber nicht durch die Weltgeschichte reisen und mir alles ansehen. Das geht nicht.«

Kannst du abschätzen, wie groß der Raum ist, in dem du dich bewegen kannst?

»Du willst wissen, wie groß der Raum ist, in dem ich mich bewegen darf? Nach oben, unten, in alle Richtungen und doch ist da nichts. Es gibt in dem Sinn keine Begrenzungen. Ich kann dir die Größe nicht nennen. Es ist auch einerlei, weil es keine Abwechslung gibt.«

Ist der Raum endlos?

»Endlos? Ich weiß nicht. Ich kann mich bewegen und weitergehen, aber es ändert nichts. Wie soll ich dir das zu verstehen geben? Man kann, oder ich kann nicht sagen, ich will da weg, ich will in den Himmel hinauf. Ich kann das nicht alleine, und es ist mir nicht gestattet.«

Fühlst du dich einsam?

»Ob ich einsam bin? Ja, das bin ich. Ich war zwar als Mensch auch nicht jemand, der immer Gesellschaft brauchte, aber hier fehlt mir der warme Kontakt zu Mitmenschen.«

Hat dieser Ort einen Namen? Die katholische Kirche spricht von Fegefeuer …?

»Fegefeuer, puuuh, was für ein Ausdruck! Diese Ebene da hat keinen Namen. Wenn es das Fegefeuer sein soll, dann kann ich nur sagen, dass ich weder … (Stillstand) noch Feuer oder sonstige Gestalten gesehen habe. Ich kann nur sagen, dass es trostlos ist, wo ich bin. Grau, grau, grau.«

Doris

»Das ist jetzt der Platz, wo ich sein soll. Nur ich bin hier mit meinen Gedanken und Gefühlen alleine gelassen.«

Konntest du Rückschau auf dein Leben halten?

»Rückschau? Ja, ich konnte Teile meines Lebens sehen, in denen ich Leid verursacht habe und die Entwicklung zu dem Zustand, in dem ich mich zuletzt befand.«

Das klingt traurig.

»Ja, ich leide. Ich denke nach, ich kann mich an die traurigen Situationen alle erinnern, die freudigen spielen hier irgendwie keine Rolle. Es ist, als wenn ich im Leid gefangen wäre. Ich bin alleine, aber in diesen Situationen ist jemand bei mir, der mit mir vieles nochmals durchgeht.«

Wie in einem Gericht?

»Gericht? Ja und nein. Ich sehe, was ich anders hätte machen können, und ich sehe die Gefühle, die ich gesetzt habe, und die der anderen auch. Das ist nicht so schön.«

Liselotte

Musst du jetzt dort bleiben, wo du bist?

»Ob ich dort bleiben muss? Ja, ich glaube schon.«

Hat man dir nicht gesagt, dass du einmal weitergehen kannst?

»Weitergehen? Wohin?«

Bist du denn jetzt schon im Himmel?

»Ob ich im Himmel bin? Das weiß ich nicht. Den Himmel, mein Gott, den habe ich mir rosiger vorgestellt.«

74

Marcel

»Ich bin auf einer Ebene des Zwischentodes. So glaube ich, kann ich das nennen, in einem Zustand dazwischen im Nirgendwo, wo ich nur bin ohne Tätigkeit.«

Walter

»Ich bin in einer Welt, die anders ist als bei euch. Es ist nicht so abwechslungsreich. Es ist hier nicht viel zu sehen, eigentlich gar nichts zu sehen, außer Licht. Ich bin alleine hier. Ja, nur manchmal darf ich zu euch allen blicken und sehen, was aus meinen Kindern, aus der Welt geworden ist. Ich darf hinunterblicken, aber ich darf nicht hinaufblicken.«

Friedrich

»Es gibt hier nicht viel, eigentlich gar nichts. Es ist wie im Nebel, aber man friert nicht. Ich bin da. Wenn ich mich bewege, ja, das kann ich, ändert es nichts.«

Bist du traurig?

»Traurig, ja, es ist schon traurig. Aber ich freue mich, dass es meinen Lieben gut geht. Das sind die Freuden, die ich jetzt habe.«

Wie lange musst du noch hier bleiben?

»Ich weiß nicht, wie lange ich noch hier bleiben muss. Ich darf weitergehen, auf eine schönere liebevollere Ebene. Das hat man mir gesagt.«

Mohamed

»Ich bin da, wo ich nicht hin sollte. Ich bin hier auch gefangen. Ich bin im Nebel, im Nichts. Allah, wo bist du?«

Was hast du dir erwartet, wohin du nach deinem Tod kommst?

»Ich hoffte zu Allah, zu den Gärten der Liebe, der Freude zu kommen. Ich hoffte auf Erbarmen, aber hier ist nichts.«

Bist du alleine?

»Ja, ich bin alleine. Ich darf aber die Welt sehen, ins Lager, in den Iran. Ich darf weiter das Leben bei euch Menschen mitansehen, aber ich kann nirgends mehr eingreifen.«

Alexander

»Es ist kein schöner Ort. Es gibt keine Villen, keine Annehmlichkeiten. Es ist ein Ort im Nirgendwo, hat auch keinen Namen. Eine Nebelsuppe, die dann hell wird, wenn ich zu euch runterblicke, zu meiner armen Mutter, meinen Freunden.«

Ist das der Himmel?

»Das ist definitiv nicht der Himmel, meine Liebe.«

Was ist es dann?

»Was es ist? Eine Wartehalle für missglückte Gespenster wie mich.«

Jacqueline

»Ich bin alleine und sehe allen zu.«

Du siehst alles, was auf der Erde passiert?

»Ja, ich sehe auf die Erde, zu Papa, Oma und den Menschen, die ich kannte. Das ist meine Unterhaltung jetzt. Sonst gibt es hier nichts, wo ich bin.«

Wo bist du denn genau?

»Wo ich bin? In … Wo bin ich? Ich glaube, ich bin noch auf der Erde, weil sonst gibt es ja nichts.«

Jane

»Wo ich bin? Ich bin einfach da, ich weiß nicht wo. Ich habe keinen Namen für diesen Ort, aber ich möchte ihn beschreiben. Es ist ein Dasein zwischen Himmel und Erde. Ein Dasein im Licht, ohne es wirklich zu sehen. Es gibt keine Lichtquelle. Trotzdem ist es hell. Es ist ein Licht von angenehmer Stärke.«

Ist es ein warmes Licht?

»Warm? Ich habe kein Temperaturempfinden mehr. Das kann ich nicht sagen. Aber es ist so, dass ich in diesem Licht mich bewege. Aber egal wohin ich mich gleiten lasse, es ist alles gleich.«

Fühlst du dich darin geborgen?

»Ob ich mich geborgen fühle? Es ist nicht so, dass ich mich in göttlicher Liebe gehalten fühle. Es sind keine überschwänglichen Gefühle in mir, aber ich bin ohne Angst.«

Gerhard

»Dann wurde ich wie abgeholt, möchte ich sagen. Es war ein Geist, der da war. Jemand, den ich irgendwie verstehen konnte ohne Worte. Dieses Wesen war plötzlich da und sagte, dass ich mitkommen soll. Ich konnte mich von meinem Körper wegbewegen und landete auf einem Platz in einem Land, in dem mir die Bewegung gestattet wurde. Das heißt, ich darf mich selbst herum denken. Ich weiß nicht, wie ich das sagen soll. Ich kann ja nicht mehr laufen. Aber ich denke und bewege mich.«

Wohin?

»Wohin? Ja, das ist die große Frage. Der Raum scheint unendlich groß zu sein, genug Auslauf sozusagen. Aber es ändert nichts an meinem Umfeld. Es ist alles wie in einer hellen Nebelsuppe. Es ist hell, aber es gibt nichts zu sehen. Es gibt keine Sonne oder irgendein Licht. Es ist hell, ich weiß nicht woher.«

Marie

»Wo ich bin? Na ja, ist es der Himmel? Ich weiß es nicht. Wenn es der Himmel ist, so fehlen mir die Engel dazu und all das, was man sich auf Erden unter Himmel vorstellt. Trotzdem bin ich nicht mehr am Leben. Ich bin tot. Ich selbst fühle mich aber sehr lebendig, ohne Krankheit. Ich sehe klar, auch wenn ich keine Augen mehr habe.«

Herbert

»Ein Geist kam, um mich aus dieser Gefühlsgefangenschaft, um es so zu nennen, zu befreien. Er brachte mich hierher, wo ich jetzt bin.«

Ist es der Himmel?

»Es ist nicht der Himmel. Nein, das glaube ich nicht. Es ist ein Davor. Der Himmel bleibt mir noch verschlossen.«

Warum?

»Warum? Weil ich meinen eigenen Tod beschloss. Der Geist ließ mich wissen, dass ich auf das Erbarmen Gottes hoffen darf, dass ich erlöst werde, aber dass ich in der Zwischenzeit hier zu warten habe.«

Hier? Wo ist dieses Hier?

»Hier, das ist ein Ort von unvorstellbarer Größe. Ja, eigentlich bin ich frei, aber egal wohin ich gehe, die Umgebung bleibt immer gleich.«

Gehen? Du kannst doch nicht mehr gehen ...

»Gehen, ja, gehen kann ich natürlich nicht. Ich kann mich selbst aber irgendwie fortbewegen. Ich denke an die Fortbewegung und beame mich weiter. Es klingt eigenartig, ich weiß. Ich kann es nicht anders beschreiben, aber das, was ich sehe oder spüre ist immer gleich. Es ist eine Ruhe von unvorstellbarer Friedlichkeit. Es ist schön.«

Ist es nicht langweilig?

»Langweilig? Nein, das gibt es hier nicht. Ich bin einfach. Ich brauche nicht mehr zu sein.«

Aber du kannst dich doch mit niemandem austauschen, oder?

»Austauschen, ja, das kann ich mich nicht im Moment. Du bist die Erste, mit der ich seit meinem Tod so reden kann, wobei ich mich frage, wie es geht. Ich sehe plötzlich Worte auf Papier, deine Schrift zu dem, was ich dir sagen will ohne Mund. Aber es geht.«

Josef

»Was es hier gibt? Einsamkeit, in erster Linie. Es gibt hier nichts. Es gibt auch keine Strafen oder schlimmen Gefühle. Es ist ruhig ...«

Josef?

»Ja. Und ich bin hier einfach nur, um da zu sein.«

Brigitte

Darfst du auf die Erde sehen?

»Wenn ich auf die Erde gehe, dann nur, um das zu sehen, was ich hätte weiter tun können.«

Du siehst deine versäumte Zukunft?

»Nein, ich sehe nicht meine Zukunft. Ich sehe nur die Menschen, die mir nahestanden, wie es ihnen geht. Ich sehe, wie alles weitergeht ohne mich.«

Würdest du dich gerne einmischen?

»Einmischen kann ich mich nicht. Man hat mich verdrängt, als wäre ich nie da gewesen. Vielleicht tut es vielen auch weh, an mich zu denken.«

Wie geht es dir dabei?

»Mir geht es dabei so, wie es mir wohl ergehen soll. Ich kann nicht mehr weinen oder schreien. Ich kann nichts ändern, ich kann nur zusehen.«

Bist du immer auf der Erde?

»Nein, ich bin nicht auf der Erde. Ich bin in diesem Raum, im Nichts, wo nichts ist, außer ich. Wenn ich aber auf die Welt sehe, so ist es wie im Kino, nur ohne Vergnügen.«

Norbert

»Ich wurde weggezogen und kam hierher, wo ich jetzt bin, wo ich mich bewegen kann. Ohne Ende scheint es. Nur ist es keine Umgebung, die Freude bereitet, die kommunikativ ist. Es ist alles eins, ja, eins. Es gibt keine Konturen, nichts zu sehen. Ich bin alleine.«

Hast du nie irgendjemanden gesehen?

»Ich sah niemanden. Nein. Aber das Gefühl ist in mir des Wartens. Zu warten auf Erlösung, auf ein weiteres Weitergehen.«

Wie ist es mit der Erde? Darfst du noch etwas von deinem früheren Leben sehen?

»Die Erde ist meine Freude, ja. Manchmal öffnet sich ein Fenster, und ich sehe, wie es meiner Frau geht. Ich möchte bei ihr sein, aber das geht nicht. Mein Leben sehe ich immer und immer wieder. Wie einen Film. Meine Erfolge, was ich bewirken konnte und was nicht so gut war. Es ist sehr intensiv. Ich sehe den Film abspulen, mein Leben immer und immer wieder. Es ist das, was ich jetzt bin.«

Michael Leopold Enk von der Burg
Wie sieht es im Himmel aus?
»Wie es aussieht? Ich bin im ewigen Frieden. Die Stille, die Ruhe ist um mich. Die Liebe Gottes.«
Die Liebe Gottes? Wie sieht sie aus?
»Mein liebes Kind. Gott ist barmherzig. Er lässt mich hier weilen.«
Hast du Christus gesehen oder Engel?
»Christus Barmherzigkeit? Ich durfte unseren Herrn noch nicht antreffen. Nein, auch keine Engel.«
Aber ist dies das Paradies?
»Das Paradies ist groß. Es wird mir noch zuteilwerden.«
Bist du irgendjemandem schon begegnet?
»Wem ich begegnet bin? Einer großzügigen Seele der Barmherzigkeit, die mich abholte und hier in den Himmel brachte.«
Den Himmel. Wir stellen ihn uns aber anders vor. Die Kirche spricht von der Liebe Gottes.
»Wir predigen von der Liebe Gottes, ja, und von vielem, was uns im Paradies erwartet. Ich erlebe das Paradies als einen Ort der Stille.«
Konntest du deine guten und schlechten Taten, die du auf Erden begangen hast, sehen?
»Du meinst das höchste Gericht. Das höchste Gericht,

ich wurde ihm noch nicht zuteil. Ich weiß, dass viel Zeit auf Erden verstrich. Hier im Himmel ist es anders. Es wird mir noch zuteilwerden.«

Otto Weininger
»Das ist jetzt mein Wohnort, mein Zuhause. Ich habe keine Einrichtung. Ich brauche hier nichts mehr. Ich bin wie in einer hellen, undurchsichtigen Welt, die keine Sonne kennt, keine Gestirne, keine Bäume, Häuser.«

Jack London
»Wo ich bin? Ich bin so dazwischen würde ich sagen. Zwischen Erde und Himmel. Ich sehe keinen Gott, keine heiligen Gestalten, keine Engel. Ich sehe niemanden und bin auf mich allein gestellt. Die Sichtweise, die ich hier habe, ist sehr eingeschränkt, wenn man mit sich, mit seinem Geist allein gestellt ist …«
Jack, bist du noch da?
»Ja, ich bin da. Es ist ein verzweifelter Zustand, verstehst du? Ich freue mich, wenn ich auf Erden sein kann. Ich darf nicht mehr mitmischen. Aber es bedeutet für mich doch Sehnsucht nach dem, was war. Es bedeutet Leben.«
Wann kannst du auf die Erde sehen?
»Wann ich auf die Erde sehen kann? Das kann ich nicht sagen. Die Dinge geschehen alle parallel ohne Zeitgefühl. Natürlich sehe ich den Zeitfluss auf der Erde. Trotzdem findet er für mich persönlich nicht statt. Ich altere nicht.«

Gyatso

»Wo ich genau bin? Im Raum. Du kannst das nicht sehen, aber ich bin hier. Hier ist überall und nirgendwo.«

Das ist für mich schwer vorstellbar.

»Ja, ich weiß.«

Was siehst du?

»Was ich sehen kann? Im Moment sehe ich deine Fragen an mich. Ich weiß, dass du hier sitzt und mit mir sprechen willst.«

Was siehst du sonst noch?

»Was ich sonst sehe? Den Raum, die Leere. Ein Gleiten im unendlichen Nichts.«

Bist du alleine oder ist jemand bei dir?

»Ich bin alleine.«

Tenzin

»Ich bin in einer Welt, die mir das Warten einfach macht. Es gibt hier keine Prüfungen. Es ist nur ein Sein zwischen Erde und dem, was kommen wird.«

Du weißt, was kommen wird?

»Ja. Ich erwarte mir Prüfungen, um zu meiner richtigen Inkarnation zu gelangen.«

Verlockungen, denen du zu widerstehen hast.

»Ja, ich sehe, du bist gebildet.«

Ich weiß nur teilweise von deinem Glauben. Was machst du in dieser Zwischenwelt?

»Das Warten ertrage ich mit Geduld. Ich kann auf die Erde sehen.«

Tsultrim

Wo bist du jetzt?

»Du willst, dass ich erzähle. Du fragst aus Interesse, nicht nur aus Neugier. Das spüre ich. Also werde ich dir erzählen. Der Ort ist der des Seins. Ich bin hier, um zu sein. Die Dauer, der Ort, es ist alles nicht wichtig. Ich bin mir meiner Selbst so bewusst, so klar in dem, was ich bin, was mein letztes Leben ausmachte, wie es mir als Mensch nicht möglich gewesen wäre.«

Weißt du oder spürst du etwas von früheren Inkarnationen?

»Von früheren Inkarnationen weiß ich im Moment nicht mehr als das, was ich zu Lebzeiten als Mensch davon wusste. Ich fühle mich klar in meiner Geisteskraft und warte auf Aufgabenstellungen, die mich zu meinem nächsten Leben führen werden.«

7. Gottesvorstellung davor und danach

Gott ist nicht greifbar und nicht sichtbar. Nach einem Suizid wird kein Gott erkannt, der die Seele liebt oder über sie urteilt. Was der Seele bleibt, ist ihr Glaube. Es ist ersichtlich, dass der Glaube, der das Leben einst auf Erden bestimmt hat, im Zustand nach dem Freitod maßgeblich ist. Die Seelen, die zuvor, wenn schon nicht an Gott, so doch an eine himmlische Gerechtigkeit glaubten, haben Hoffnung auf ein Weitergehen. Die Gläubigen sprechen von »Gottes Paradies« oder von einem »Zu Gott gehen« oder nur »weitergehen« zu können. Diejenigen, die nicht glaubten, finden auch in diesem neuen Sein keine Hoffnung.

Thomas

Es gibt Theorien, ich weiß nicht, ob du dich einmal damit befasst hast, dass es ein höheres Selbst gibt oder dass man sich nach seinem Tod mit Seelenanteilen verbinden kann, die im Himmel weilen ... Bemerkst du irgendetwas davon?

»Ja, ich kenne diese Gedankengänge an früheren Vorleben. Ich bin aber isoliert. Ich fühle mich als Thomas und habe keinerlei Verbindungen zu irgendwelchen früheren Vorleben oder Ähnliches.«

Warst du auf Erden gläubig?

»Ob ich auf der Erde gläubig war? Nun, ich würde mich nicht aus heutiger Sicht gläubig bezeichnen. Ich hatte meine eigene Philosophie, auch vom Sterben. Es war meine Aufgabe, Leben zu retten und nicht sterben zu lassen. Ich wollte nie Gott sein, darum habe ich auch immer geschaut, dass die Menschen länger leben. Sterbehilfe aktiv – nein, nein, nein. Was danach kam, darüber wollte ich nicht denken, weil es keiner wirklich weiß, und Religion war für mich Philosophie. Ich glaubte schon an Gerechtigkeit im Himmel, darum dachte ich auch, dass es mein Recht ist, mich …«

Was hattest du nach deinem Tod erwartet?

»Ich wollte Ruhe und glaubte, diese auch zu bekommen.«

Dachtest du nicht, dass es einen Unterschied zwischen »natürlichem Sterben« und Suizid gibt?

»Nein, ich sah da keinen Unterschied. Das war ein Fehler.«

Hast du an Gott geglaubt?

»Ob ich an Gott geglaubt habe? Ja, schon. Nicht an eine göttliche Gestalt, aber an eine gewisse Gerechtigkeit. Ja, das schon.«

Trotzdem sahst du keinen Unterschied zwischen einem »normalen Tod« und Suizid?

»Das hielt ich für religiösen Schwachsinn.«

Hat sich jetzt etwas in deiner Gottesvorstellung geändert?

»Das, was sich geändert hat, ist, dass ich um Vergebung hoffe und bitte. Ja, das tue ich. Es gibt keine Künstlereien mehr. Wenn ich etwas bitte und zu glauben hoffe, dann ist das jetzt alles so.«

Wie siehst du Gott jetzt? Ein Liebender, ein Strafender?

»Wie ich jetzt Gott gegenüberstehe? Ich hoffe, dass Er mir vergibt. Ich weiß, dass es Gesetze hier gibt, an die man sich halten muss, die ich nicht umgehen kann. Ob

Gott Liebe ist? Ja, ich hoffe es um meinetwegen. Ich hoffe, dass Er mir, was ich getan habe, vergibt und ich weitergehen kann.«

Leider kann man mit Gott nicht handeln …

»Ja, ich weiß. Es gibt keinen Handel, aber Hoffnung. Das wurde mir gesagt.«

Bist du gläubiger geworden? Betest du?

»Ob ich gläubiger geworden bin und bete? Ich hoffe wie gesagt auf Vergebung.«

Hast du auf Erden gebetet?

»Gebetet – nun so kann man das vielleicht nicht nennen. Ich hatte meine Philosophie, aber beten in dem Sinne, nein, nicht wirklich oder ernst genug. Und hier, vielleicht ist hier alles Gebet, weil ich um meine Befreiung hoffe.«

Doris

Was hast du dir erwartet, was »danach« kommt?

»Ich habe mir gar nichts erwartet. Ich wollte nur nicht depressiv mein Alter verbringen.«

Warst du gläubig?

»Nein. Ich war nicht gläubig. Ich war gut und …«

Doris?

»Hannah, du warst jetzt weg. Ich möchte dir sagen, dass ich ein guter Mensch war. Ich hatte kein schlechtes Gewissen vor irgendeiner Institution namens Gott oder einer Religion, dass ich mir mein Leben nehme.«

Hast du dir auf Erden nicht gedacht, dass es einen Unterschied »im Leben danach« geben könnte, wenn du den Freitod wählst oder dein natürliches Ende abwartest?

»In dem Zustand, in dem ich war, war es für mich egal,

ob ich so sterbe oder mich umbringe. Ich wollte nur tot sein, weil ich die Traurigkeit in mir nicht mehr ertrug.«

Du warst also nicht religiös.

»Nein. Ich glaubte an die Liebe und dachte, ich bin in Liebe geborgen, wenn ich tot bin. Den genauen Zustand konnte ich mir nicht vorstellen, nur dass ich liebevoll, wohin auch immer, aufgenommen werde. An die katholische Kirche oder andere Glaubensgemeinschaften glaubte ich aber nicht.«

Glaubtest du an etwas anderes? An Heilige? Mutter Gottes? Jesus? Buddha? Engel ...?

»Ob ich an Heilige glaubte?«

Es trat eine Pause beim Schreiben ein. Ich fragte meinen geistigen Helfer, wo Doris verblieben ist und erhielt folgende Antwort:

»Es ist gut. Doris ist von den Namen, die du nanntest, überwältigt. Sie denkt an sie, und ihre Seele weint.«

Ich setzte das Schreiben mit Doris wenig später fort.

»Hannah, ich bin da. Entschuldige, der Kontakt war jetzt weg. Ich dachte an die von dir eben genannten Namen, ob ich glauben konnte. Ja, und dann wieder nicht. In meiner Not glaubte ich an sie, aber sie halfen mir nicht. Also glaubte ich wieder nicht.«

Und jetzt? Kannst du dir vorstellen, jetzt an sie zu glauben?

»Jetzt? Ja, das war es, warum der Kontakt plötzlich weg war. Seit ich hier bin, habe ich niemanden gesehen, mit dem ich über Glauben oder so hätte reden können. Der Geist fragt nicht. Du fragst. Das ist ein Unterschied. Wenn du fragst, ob ich an Jesus oder an Engel glauben kann in diesem Zustand hier, dann frage ich: Wo sind sie? Warum können sie mir nicht helfen, wenn es sie gibt? Warum bin ich hier alleine?«

Doris, ich muss jetzt beenden. Ich melde mich wieder.

»Ja, gut. Danke, Hannah.«

Ich hielt Doris' Stimmung nicht mehr aus. Es war beklemmend. Wie hätte ich ihre Fragen beantworten sollen? Ich spürte ihre Verzweiflung, ihren Zorn, ihre Vorwürfe an eine himmlische Macht, die für sie in ihrer Not da sein sollte. Doris fühlte sich alleine und im Stich gelassen.

Ich hielt mit meinem geistigen Helfer Rücksprache, bevor ich, dadurch gestärkt, wieder mit Doris den Kontakt suchte. Ich werde all diese Aussagen im Kapitel »Das Weitergehen« anführen.

Felix

Musst du hier bleiben oder kannst du einmal von hier weggehen?

»Das weiß ich alles nicht. Ich bin jetzt einfach da.«

Hast du Hoffnung?

»Hoffnung? Worauf? Auf ein begnadetes Dasein im Himmel? Nun, bis jetzt merke ich nichts davon.«

Hättest du dir so ein begnadetes Dasein gewünscht?

»Ich wünschte mir gar nichts. Ich wollte nicht mehr sein. Ich wollte weg von dieser Art des Lebens. Aber ich glaubte doch an ein Maß von Gerechtigkeit, nicht in Form eines allverzeihenden Gottes, sondern in dem Grad eines Ausgleichs. Ich war gut. Ich habe viel in meinem Leben getan. Ich wollte jetzt Ruhe.«

Hast du gebetet?

»Gebetet? Wie, ob ich auf Erden gebetet habe? Nun

wenn, dann nicht aus vollster Inbrunst, nicht ernsthaft. Ich war nicht gläubig.«

Kannst du dir vorstellen, dass es einen Ort der Gerechtigkeit gibt?

»Wie? Ob ich glaube, dass es einen Ort gibt, an dem mir geholfen wird? Wo alles friedlich ist? Nun, es wäre schön, und dieser Glaube ist bei vielen verankert. Bei mir nicht.«

Aber hast du jetzt das Gefühl, dass dir Gerechtigkeit widerfährt? Bist du jetzt glücklich?

»Glücklich? Ob mir Gerechtigkeit hier widerfährt? Nun, ich kann die Frage nur so beantworten, dass ich nicht den Eindruck habe, dass hier irgendwer ist, der liebt, der urteilt, der mir Gutes oder Böses unterstellen will. Ich bin alleine hier und bin einfach nur da. Nach Gerechtigkeit sehne ich mich schon. Das wollte ich auch mit meinem Tod erreichen.«

Friedrich

Warst du auf Erden gläubig?

»Ob ich gläubig war? Das ist eine Frage. Wenn ich an Gott glaubte, so ja, irgendwie, irgendwo in meinem Inneren. Glauben spielte keine Rolle …«

Friedrich, bist du noch da?

»Ja, ja, ich bin da. Ich überlege, was ich dir antworten soll. Ich bin hier natürlich anders geworden, nachdem ich hier in diesem Nebel gefangen bin. Ein paar Lichtblicke noch auf der Erde. Das ist es jetzt, und es gibt einen Himmel, wo ich geliebt werde. Das hat mir dieser Führer gesagt. Nur ist dort noch nicht mein Platz, weil ich mich erschossen habe. So und was ist jetzt? Jetzt warte ich.«

Was erwartest du dir?

»Was ich mir erwarte? Dass ich vielleicht doch dorthin einmal komme.«

In den Himmel?

»Ja, in den Himmel.«

Das heißt, du glaubst an Gott?

»Ja, ja, ich glaube an Gott. Nachdem alles hier so ist, muss ich an Gott glauben.«

Nimmst du Gott wahr?

»Ich spüre Gott nicht. Ich weiß, dass ich hier büße, dass ich in Warteposition bin.«

Paul

Bist du alleine?

»Ja, ich bin alleine. Da ist kein Gott, wo ich bin.«

Aber spürst du vielleicht eine Energie, die um dich ist oder die dich von deinem Körper abgeholt hat?

»Gespürt habe ich nur mich, meine Gefühle und die der anderen. Aber mich hat niemand geholt. Ich hab niemanden gesehen.«

Warst du auf der Erde gläubig?

»Ob ich gläubig war? Ich war gläubig, aber den Glauben hab ich verloren, als ich älter wurde. Ich war alleine und wurde so verachtet. Wie kann man da glauben.«

Aber glaubst du, dass du einmal in den Himmel weitergehen kannst?

»Himmel, Himmel, was ist denn das? Ich bin in keinem Himmel, das kann ich dir sagen.«

Mohamed

Warst du gläubig?

»Gläubig ja. Allah ist mein Gott auf Erden gewesen,

und ich glaube auch hier, obwohl ich nicht dort hinkam, wohin ich mich sehnte.«

Du warst Muslim?

»Ja, ich war Muslim.«

Ist Selbstmord im Islam erlaubt?

»Ob Selbstmord erlaubt ist? Im Koran steht, dass Allah groß ist im Herzen und Er dir deinen Platz im Himmel zuweist. Ich wollte in den Himmel, nur bin ich nicht dort.«

Peter

Warst du auf Erden gläubig?

»Gläubig? Ja, ich war sogar sehr gläubig. Ich war in meinem Herzen von Gottglauben erfüllt. Ich glaubte an Gott.«

Trotzdem hast du dir das Leben genommen. Glaubtest du, dass das in Gottes Sinne war?

»Ja, die Kirche sagt, bring dich nicht um. Das ist Sünde. Aber es ist historisch bewiesen, dass sie das zu einer Zeit zum Dogma machte, als sie von jeder Menschenseele Tributzahlungen haben wollte, Ablasszahlungen. Sie wollten Geld sehen, und das geht nur von Lebenden. Daher war es gleich eine Sünde, sich umzubringen. Ich habe aber an Gott geglaubt, daher hoffte ich auch auf Seine Aufnahme in Sein Reich.«

Und bist du jetzt bei Gott?

»Ob ich bei Gott jetzt bin? Ich weiß nicht. Niemand spricht hier mit mir. Gott spüre ich nicht. Ich spüre hier nur Einsamkeit.«

Marcel

Was hast du geglaubt, wird nach deinem Tod sein?

»Wo ich hinkomme? Ich glaubte an Gott. Ja, ich glaubte an Gott. Ich wollte Ruhe bei Gott finden. Ja, ich wollte bei Gott sein.«

Erlebst du jetzt Gott?

»Ob ich Gott erlebe? Es ist hier Sein Gesetz, Seine Regeln, die hier gelten. Es ist Gott.«

Was ist mit Gottes Liebe?

»Gottes Liebe und Erbarmen? Das wünsche ich mir. Aber ich werde warten müssen.«

Worauf?

»Warten auf Seine Liebe.«

Alice

Warst du auf Erden gläubig?

»Mein Glauben war einfach. Ich wurde katholisch erzogen. Ich wurde in einem Glauben meiner Großmutter, alter Generationen groß. Es wurde in die Kirche gegangen, gebeichtet, gebetet.«

Hast du auch daran geglaubt?

»Ob ich daran glaubte oder ob es nur Erziehung war? Es wurde mir so gesagt und als Kind glaubte ich. Als Erwachsener tat ich mich schwer damit, und nach dem Tod meines Sohnes haderte ich mit Gott. Ich hoffte, dass er bei Gott ist, bei den Engeln im Himmel, aber für mich bestand auf Erden keine Hoffnung.«

An was glaubst du jetzt?

»An was ich glaube? Ich bin hier auch wie vergessen.«

Liselotte

Warst du auf Erden gläubig?

»Gläubig? Ja, ich habe geglaubt. Vor meinem Tod habe

ich gebetet, dass mir der liebe Gott verzeiht, dass ich kommen will, und ich hoffte auf Seine Güte.«

Du hast also an Gott geglaubt?

»Gott? Ja, ich habe an Gott geglaubt.«

Und jetzt?

»Ich weiß nicht mehr, was ich glauben soll. Ich bin ja tot, also wo ist dann Gott?«

Walter

»Es gibt Erbarmen hat man mir gesagt.«

Wer hat das gesagt?

»Der Geist, der mein einziger Ansprechpartner ist. Wenn er kommt.«

Es gibt Erbarmen?

»Ja, wenn Gott sich meiner Seele erbarmt und ich weitergehen darf.«

Wohin?

»Dorthin, wo ich wohl sonst schon längst wäre, hätte ich meinen eigenen normalen Tod abgewartet.«

Glaubst du an Gott?

»Ob ich an Gott glaube? Hier muss ich an Gott glauben, weil ich ja hier lebe und auf Sein Erbarmen hoffe.«

Und auf der Erde?

»Auf der Erde hielt ich es nicht so mit dem Glauben. Ja, wie soll ich sagen? Ich glaubte schon an Gott, aber ohne mir weitere Gedanken über Ihn zu machen. Die Kirche mochte ich nicht unbedingt, aber in mir drinnen irgendwo verborgen war schon ein Gottglauben vorhanden.«

Franz Hofdemel

Gibt es Gott?

»Gott? Wer weiß, wo Er ist und ob Er noch an mich denkt. Ich bin einfach.«

Hast du auf der Erde an Gott geglaubt?

»Ich glaubte an einen gerechten Gott, zu dem wir alle einmal kommen. Ja, das glaubte ich.«

Und jetzt? Woran glaubst du jetzt?

»Jetzt? Ich weiß nicht. Ich kenne Gott nicht …«

Franz? Bist du noch da?

»Ja. Ich bin da. Es ist ein eigenartiger Zustand. Mit dir reden zu können, ist eine Erleichterung für mich. Ich darf reden. Vielleicht darf ich auch zu Gott gehen.«

Eine Frage habe ich noch an dich. Glaubst du an Wiedergeburt?

»Wiedergeburt? Wie? Dass ich wiederkomme auf die Erde? Ob ich daran glaube? Du stellst ja Fragen. Ich habe nie daran geglaubt. Ketzerei hätte man damals gesagt.«

Michael Leopold Enk von der Burg

Bist du bei Gott?

»Ob ich bei Gott bin? Ich war Priester, ein Mann der Geistlichkeit, Mönch und mit meinem Glauben im menschlichen Leben verankert.«

Warum hast du dich dann umgebracht?

»Warum ich mich umgebracht habe? Ich wollte zu meinem Gott. Ich wollte nicht mehr unter den sündigen Menschen sein. Gott ist barmherzig. Ich hoffte auf Seine Gnade für meine Ungeduld.«

Hast du Seine Gnade erhalten?

»Ich habe sie bekommen. Ich bin im Himmel.«

Bist du glücklich?

»Ich bin glücklich hier in der Nähe Gottes zu sein.«

Gott – wie sieht Er aus? Wo ist Er?

»Gott ist überall, mein Kind. Man kann Ihn nicht sehen. Man kann Ihn nur spüren als Seele, aber auch als Mensch.«

Otto Weininger

Du warst Antisemit. Hast du mit dieser Einstellung nicht viele Juden beleidigt?

»Wenn du fragst, ob ich mit meiner antisemitischen Gesinnung nicht auch viele Juden verletzt habe, so ja. Ich spürte diese Verletzungen, die Kränkungen dieser Menschen. Ich habe erkannt, dass diese, meine Einstellung geringschätzend und nicht gut war, aber die Dinge sind eben geschehen.«

Und jetzt? Bist du noch immer Antisemit?

»Jetzt? Ob ich jetzt noch immer die gleiche Gesinnung habe? Wie soll ich dir das erklären? Ich verkörpere als Seele Otto Weininger mit all seinen Einstellungen, die du geringschätzt. Wenn ich dir sage, dass ich noch immer in diesen Gefühlen von damals stecke, so ist es so. Ich weiß, dass ich viele Menschen verwundet und gekränkt habe, und ich kann das nicht rückgängig machen. Ich kann mich nicht aus meinem Selbst befreien. Verstehst du das?«

Und wenn du es könntest, würdest du es dann tun?

»Wenn ich es könnte? Liebes Kind, das geht nicht. Daher stellt sich die Frage für mich nicht.«

Glaubst du an einen glücklichen seligmachenden Himmel?

»Ob ich an einen glücklicheren Himmel glaube? Liebes Kind, du bist ja auch warmherzig. Den lieben Gott und den Himmel, den gibt es doch nur im Märchen.«

Aber du warst zuletzt Protestant.

»Ich war Protestant. Ja, das stimmt, aber ich bin hier eines Besseren belehrt, wenn ich dir beschrieben habe, wo ich jetzt bin.«

Aber du bist doch noch nicht dort, wo du nach deinem Tod sein solltest.

»Ja, ich bin nicht dort, wo ich hingehöre. Dieses Gefühl wurde mir vermittelt.«

Wohl deshalb, weil du dir selbst das Leben genommen hast.

»Ja, ich tötete mich. Das war der Fehler. Aber gut, es ist jetzt so. Ich lebe jetzt so.«

Du bist als Jude auf die Welt gekommen. Warum bist du zum Protestantismus übergetreten?

»Ich bin zum Protestantismus übergetreten, weil ich nicht mehr jüdischer Abstammung sein wollte. Der Protestantismus lag mir näher als die bigotten selbstgefälligen Katholiken.«

Und du glaubtest nicht an Erlösung nach dem Tod, an einen Himmel?

»An den Himmel an sich glaubte ich schon, aber nicht an diese verblümte Form eines liebenden Gottes und himmlischen Paradieses. Ich glaubte an die Gerechtigkeit und an den Frieden und ja, das habe ich.«

8. Zeitbegriff

Wir können uns ein Leben ohne Zeit auf der Erde nicht vorstellen. Die Erde hat ihren eigenen Rhythmus, alles ist ein Werden und Vergehen. Nach Eintritt des Todes gilt diese Regel nicht mehr. Die Zeit ist plötzlich nicht mehr von Bedeutung. Ich suchte nach einer Erklärung und wollte verstehen. Ich stellte den Seelen darüber immer wieder Fragen. Wie kann man Zeitlosigkeit erklären?

Der Frage »Wann?« oder »Wie oft?« wird mit Unverständnis begegnet. Viele Seelen wissen keine Antwort darauf. Das Zeitgefühl scheint verloren gegangen und nicht mehr wesentlich zu sein. Die Seelen bedauern in keinster Weise, dass sie sich schon »so lange« in dieser Welt zwischen Himmel und Erde befinden. Den Zeitfluss sehen sie nur auf der Erde, stehen ihm aber gleichgültig gegenüber. Rückblicke ihr eigenes Leben betreffend, aktuelles Geschehen auf der Erde und ihr Sein in der neuen Welt dürften gleichzeitig stattfinden oder zumindest so empfunden werden. Es gibt keine Abfolge von Ereignissen, so wie wir Menschen es von unserer Welt gewohnt sind.

Thomas

Darfst du immer die jetzigen Ereignisse auf der Erde sehen oder nur in Begleitung deines Geistführers?

»Ich darf auf die Erde gehen, wenn es mir der Geistführer erlaubt. Ich kann nicht immer da sein, nur wenn es erlaubt ist. Die Zeit ist anders, ich spüre keine Zeit. Ich bin nie müde. Ich bin nie hungrig. Es ist einfach da sein. Daher kann ich auch nicht sagen, ob ich oft auf der Erde bin oder immer. Ich kann das nicht sagen.«

Thomas' Traurigkeit und Verzweiflung waren für mich sehr spürbar.

Aber wenn ich, wie jetzt, nach dir frage, darfst du dann immer gleich kommen? Wie geht das?

»Wenn du mich rufst, dann kann ich kommen. Ich merke das, indem ich deine Konzentration auf meinen Geist spüre, und dann kann ich auch mit dir reden.«

Wie ist das, wenn andere, und das sind jetzt sicher viele Menschen, an dich denken?

»Wenn wer anderer an mich denkt, so kann ich dessen Gedanken sehen oder spüren. Irgendwie weiß ich, was gedacht wird.«

Dann bist du ja oft oder immer da!

»Ja, dann bin ich vielleicht oft auf der Erde. Ich weiß es nicht.«

Du Armer musst dir bestimmt auch das ganze Gerede und die Gerüchte um deine Person anhören.

»Diese Frage ist gut. Ja, das Gerede der Menschen ist schlimm. Es ist auf der Erde schlimm, und es ist schlimm, wenn ich es so vernehme, aber nichts dagegen mehr tun kann. Aber so ist es eben.«

Hast du irgendeinen Zeitbegriff? Wir haben heute den 16. März 2013.

»Die Zeit. Ja, ich weiß ungefähr den Zeitraum, weil ich ja immer wieder auf Erden gehen darf. Ich weiß, dass ich noch nicht bestattet wurde.«

Kannst du mir sagen, wie lange der Zustand andauerte, als deine Seele am Weggehen von deinem Körper gehindert wurde?

»Wie lange ich in diesem grässlichen Zustand verharren musste und nicht wegkam von meinem Leichnam, kann ich nicht genau sagen.«

Du wusstest, dass ich beim Langlaufen mehr oder weniger an deinem Leichnam vorbeifuhr. Warst du damals, es war der 19. Jänner[5], noch in diesem Zustand?

»Als du mit den Ski an mir vorbeifuhrst – ja, ich war dort, aber nur, weil du mir gezeigt wurdest von meinem Geistführer.«

Warum?

»Warum, weil ich deine traurigen Gedanken dabei an mich spüren musste. Ich hoffte, du würdest mich nicht finden. Es wäre schlimm gewesen für dich.«

Das heißt aber, du warst damals nicht mehr an deinen Körper gebunden?

»Nachdem mein Geistführer mir dich zeigte, wohl nicht mehr.«

Dein Leichnam wurde letzten Sonntag gefunden. Machte das für dich einen Unterschied?

»Als ich letzte Woche gefunden wurde, ja, es wurde mir gezeigt. Es war gut, weil ich weiß, dass jetzt das Rätselraten um mich ein Ende hat, und die Menschen um mich trauern dürfen. Ich spüre das in allen Tiefen. Aber ich weiß, dass sie verarbeiten werden …«

Thomas?

»Liebe Hannah, ich bin da, es ist nur schwer darüber zu sprechen.«

Sollen wir über etwas anderes reden?

---

5   3 Wochen nach seinem Tod

»Nein, nein, es ist alles gut, was du mit mir redest. Alles gut.«

Emotionen kamen in mir hoch.

Thomas, entschuldige, ich will nicht, dass du die auch noch abbekommst …

»Wenn du lachst, ja, das freut mich auch, aber wenn du weinst, so bin auch ich traurig.«

Es war einfach gegenseitig, so als würden wir über unsere Gefühle in Kontakt stehen. Er spürte genauso unmittelbar meine Traurigkeit, so wie ich seine Verzweiflung, die er manchmal mit »spürbarer sachlicher Vernunft« verarbeiten wollte.

Felix

Bist du lange an deinem Sterbeort geblieben?

»Ich wollte weggehen, aber konnte nicht.«

Wie lange warst du dort?

»Ich weiß nicht.«

Bist du jetzt noch immer dort?

»Ich bin nicht mehr dort am Ort des Geschehens. Ich bin nicht mehr dort.«

Wo bist du dann?

»Das weiß ich nicht.«

Siehst du noch zur Erde?

»Zur Erde sehen? Ja. Ich kann zur Erde sehen, eingeschränkt, und ich darf Szenen sehen wie …«

Felix?

Ich spürte, dass er sehr traurig war.

»Ja. Ich darf meine Frau, meine Kinder, deren Leben sehen und auch das Leben derer, die mir nahestanden.«

Siehst du alles und immer?

»Immer? Ich sehe Abläufe. Wie in einem Film darf ich zusehen, ja. Ob da Pausen dazwischen sind, ja, das ist eigenartig. Ich kann das gar nicht sagen. Vieles ist unbedeutend geworden.«

Friedrich
Kannst du immer auf der Erde sein?
»Ob ich die ganze Zeit auf der Erde bin? Das kann ich so nicht sagen. Ich denke nein, das bin ich nicht. Es öffnet sich nur manchmal ein Fenster, und dann sehe ich meine Familie.«

Simon
Kannst du jetzt auch auf die Erde sehen?
»Ja, ich kann auf die Erde sehen, aber nur beschränkt und mehr Vergangenes als Gegenwärtiges. Ich sehe mein Leben wie eine Rückblende, die berühmte Rückschau, ja.«
Hast du dein ganzes menschliches Leben schon gesehen?
»Ob ich alles schon gesehen habe oder noch immer sehe, das kann ich so nicht sagen. Ich lebe in der Vergangenheit, im Jetzt. Es ist alles eins. Ich weiß nicht, wie ich sagen soll.«
Hast du die Abläufe auf Erden nach deinem Tod gesehen?
»Abläufe nach meinem Tod? Ja, ich sah eben die Geschehnisse rund nach meinem Tod. Aber es ist nicht so, dass ich andauernd alles sehe, was jetzt auf der Erde geschieht. Trotzdem fühle ich mich der Erde noch sehr nahe, obwohl der Raum, in dem ich jetzt bin, nur für mich gedacht scheint, weil es niemanden sonst hier gibt, und es unendlich viele Gestaltungsmöglichkeiten gäbe.

Aber es ist sinnlos, weil ich ja nichts zum Greifen habe oder einen Ort eines Zuhauses bräuchte. Ich schwebe herum in alle Richtungen ohne Änderung einer Umgebung.«

Stefan Zweig

»Rückschau? Ich durfte sehen, ja, wie im Zeitraffer mein Leben an mir vorüberglitt. Ja, ich konnte alles sehen und fühlen. Meine Geburt, meine Kindheit, meine Jahre als Mann, die Erfolge und Misserfolge, meine Gefühle und die der Menschen, die mit mir litten.«

Wie ist das? Wie kann man sich das vorstellen? Wann hast du diese Rückschau erlebt? Unmittelbar nach deinem Tod?

»Wie das war und wann das geschah? Ich kann dir den Zeitpunkt nicht nennen, aber es war eine … Ja, es war ein Zustand voller …«

Stefan Zweig?

»Mir fehlen die Worte. Ich kann das nicht ausdrücken.«

Gyatso

»Ich warte auf die entscheidenden Hinweise, die mich zu einem neuen Leben wieder führen werden. Ich lebe jetzt ganz bewusst hier, um meinen Weg zur rechten Zeit weiterzugehen.«

Zeit? Dort, wo du bist, gibt es doch keine Zeit mehr?

»Es gibt keine Zeit. Das stimmt. Es ist ein Sein im Unendlichen.«

Tenzin

Was machst du in dieser Zwischenwelt?

»Das Warten ertrage ich mit Geduld. Ich kann auf die Erde sehen.«

Immer?

»Immer? Das ist bedeutungslos.«

Norbu

»Ich weiß, dass die Zeit auf Erden vergeht. Aber hier ist das nicht so. Ich nehme das hier nicht wahr.«

Sangpo

Sollte der Bardo des Sterbens nicht unmittelbar mit dem Tod beginnen?

»Wann Bardo beginnt? Wir Menschen, auch wir in Tibet, wir leben alle als Menschen in der Zeit. Daher glauben wir auch an die Abfolge dieser Geschehnisse. Es ist hier nicht von Bedeutung. Ich habe und lebe hier in keiner Zeit, daher ist die Frage für mich auch nicht wichtig und essentiell, wann Bardo, wann meine Wiedergeburt, meine Buddhaschaft beginnt.«

9. Gemeinsames Sterben?

Ich möchte nun von Seelen berichten, die ihr menschliches Leben gemeinsam mit ihrem Partner oder Bruder beendet haben. Sie wollten nicht alleine sterben, beider Verzweiflung war auf Erden groß. Sie haben den Tod in Absprache mit der jeweils nahestehenden Person gleichzeitig herbeigeführt. Es war in allen Fällen kein Mord, sondern jeder Mensch hat sich selbst das Leben genommen. Sie hofften auf ein Wiedersehen in einem Leben danach. Ich schrieb mit sechs betroffenen Seelen, die alle ihren Partner nach dem Tod nicht mehr gefunden haben.

Maria und Robert

Maria
»Du musst wissen, ich bin hier alleine. Der Entschluss zu sterben war ein Entsetzlicher. Aber wir wussten keinen anderen Ausweg. Alles wäre schlecht geworden, verfallen. Wohin mit uns, da wir doch kaum Geld hatten. Wir flüchteten in den Tod.«

Ist es jetzt besser für dich?

»Besser? Zumindest hab ich keine Geldschwierigkeiten mehr. Aber das Paradies ist nicht rosig.«

Bist du im Paradies?

»Ob ich im Paradies bin? Ich bin tot. Ich weiß, ich bin tot, aber ich bin ich, die Maria mit aller Kraft und Wissen meiner Seele. Aber was nutzt es mir, wenn ich alleine bin. Mein Mann ist nicht hier. Ich bin mit meinen Gedanken alleine. Ich fühle mich alleine.«

Robert

Deine Frau ist gemeinsam mit dir aus dem Leben geschieden. Seid ihr jetzt auch zusammen?

»Das ist eine sehr traurige Frage. Meine Frau ist tot, aber sie ist nicht bei mir. Ich weiß nicht, wo sie ist und wünschte, ich hätte sie bei mir. Aber dem ist nicht so.«

Möchtest du mir erzählen, was passiert ist, nachdem du gestorben bist?

»Ich hing am Galgen und war ohne Schmerzen. Ich sah mich selbst hängen.«

Wie bist du aus dem Körper ausgetreten?

»Wie ich aus dem Körper ging? Das war sehr schnell. Es gab einen Ruck, der mir das Leben nahm. Ich war neben mir und sah mich baumeln. Es war kurios mich selbst so zu sehen. Meine Frau sah ich nicht. Dabei war auch sie tot. Sie musste tot sein, aber ich sah auch ihren Leichnam nicht. Ich sah nur mich. Alles andere war wie ausgeblendet.«

Wie fühltest du dich?

»Ich war frei, ja, ich schwebte ja. Ich war ich, nur ohne Körper. Nur was tun, wenn man nicht weiß, wohin gehen. Also blieb ich in dieser tragisch-komischen Situation, meinen eigenen Körper baumeln zu sehen, während ich selbst aber so war, wie ich eben war, mit meinen Gedanken und Gefühlen. Aber ich konnte mich nicht mehr äußern.«

Erich und Simon

Erich

»Ich bin in einer verschwommenen Suppe, wie Nebel

um mich. Es ist hell, aber es gibt keine Konturen. Es gibt keine Sonne, es gibt vor allem niemanden, mit dem ich reden könnte. Ich vermisse meinen Bruder Simon. Er starb gleichzeitig mit mir, aber seitdem ich tot bin, konnte ich ihn nicht mehr sehen. Ich weiß nicht, wo er ist.«

Hast du den Geistführer nicht darüber fragen können?

»Ich konnte nicht fragen, nein. Dieser Geistführer zeigte mir nur den Weg hierher und hieß mich hier zu bleiben.«

Und er hat dir nicht gesagt, wo du deinen Bruder finden kannst?

»Das sagt er nicht. Er sagte nur, dass ich noch hier bleiben muss, bis ich wirklich in den richtigen Tod, in meine Erlösung gehen kann.«

Warum?

»Warum das so ist? Nun, ich vermute, weil wir einen freiwilligen Tod vorgezogen haben. Ich wusste nicht, dass ich hier landen werde. Ich dachte, mein Bruder und ich hätten genug auf Erden gelitten. Der Himmel sei uns gnädig. Das ist aber nicht so.«

Konntest du Rückschau auf dein Leben halten?

»Rückschau auf mein Leben? Ich sah mich tot liegen und ja, ich sah Ausschnitte aus meinem Leben mit aller Gefühlsintensität, die möglich ist. Ich will das gar nicht beschreiben. Ich will nicht darüber reden.«

Simon

»Ich bin tot, auf eigenen Wunsch gestorben. Mein Leiden und das meines Zwillingsbruders waren unermesslich. Wir beschlossen unser Leben zu beenden, und es wurde uns letztendlich auch erlaubt.«

Ihr wurdet taub geboren und drohtet zu erblinden.

»Ja, das ist richtig. Was das bedeutet, kann nur jemand erahnen, der ähnliches Leid durchmacht.«

Bist du jetzt mit deinem Bruder zusammen?

»Ob ich mit meinem Bruder zusammen bin? Leider nein. Es ist das erste Mal, seit ich denken kann, dass ich von meinem Bruder getrennt bin. Ich weiß nicht, wo er ist und ob er die gleichen Erlebnisse wie ich hatte, seitdem ich tot bin.«

Warst du glücklich, als dein körperliches Leid vorbei war?

»Ob ich glücklich war? Ich war befreit von meinem Leid, ja, aber ich suchte meinen Bruder und fand ihn nirgendwo.«

Bist du von dem Raum, wo du gestorben bist, weggegangen?

»Nein, ich blieb in dem Raum meines Todes, weil ich auf meinen Bruder wartete.«

Aber dein Bruder ist doch sicher in deiner Nähe auch durch den Euthanasie-Tod gegangen? Hättest du ihn nicht sehen können?

»Mein Bruder war wie ausgeblendet. Ich wusste, dass auch er tot sein muss, dass er eigentlich gleich bei mir sein müsste. Aber er kam nicht. Ich sah nichts von ihm. Das wurde wie ausgeblendet. Ich sah auch seinen Körper nicht. Es war wie verschwommen, als könnte ich nur das sehen, das mich selbst betraf.«

Bist du alleine geblieben oder kam jemand, um dich abzuholen?

»Ja, es kam dann ein Fremder, eine Geistgestalt, der mir befahl, mit ihm zu kommen. Ich wollte nicht, weil ich auf meinen Bruder hoffte. Aber ich hatte keine Möglichkeit, als ihm zu folgen.«

Konntest du ihn nicht nach deinem Bruder fragen?

»Ja, ich bekam keine Antwort. Dieser Geist ließ mich wissen, dass ich noch zu warten habe.«

War er freundlich?

»Er war weder freundlich noch unfreundlich. Er ließ mich nur wissen, dass ich warten muss auf meine Erlösung, auf meinen richtigen Tod, auf meinen Bruder.«

Auf deinen richtigen Tod?

»Nun ja, ich weiß, dass ich menschlich gesehen tot bin. Aber ich fühle mich nicht so. Ich bin auch nicht im Himmel, wie man so schön sagt oder in einem Erlösungszustand. Ich bin von meinem behinderten Körper befreit, ja, aber sonst bin ich einfach der, der ich immer war, mit dem Unterschied, alleine zu sein. Dieses Gefühl kenne ich nicht.«

Darfst du die Hoffnung haben, in den Himmel zu gehen und auch deinen Bruder wieder zu treffen?

»Ja, ich habe die Hoffnung, meinen Bruder wiederzusehen und auch, dass dieser Zustand, in dem ich mich jetzt befinde, bald zu Ende geht. Ich hoffe darauf.«

Stefan Zweig und Charlotte Altmann

Stefan Zweig

Wie ging dein Sterben vor sich?

»Der Prozess des Sterbens war eine Qual. Ich konnte nichts mehr tun. Ich schlief ein und erwachte allein bei meinem Körper. Der Körper meiner Frau, und ich wusste ja von ihrem gleichzeitigen Tod, auch sie wollte mit mir gehen. Aber sie war nicht da. Ich konnte sie nicht sehen. Es war ausgeblendet, und nur mein Leichnam, mit dem ich irgendwie noch verbunden war, tauchte vor meinem geistigen Auge auf. Ich konnte nicht weggehen. Ich konnte auch nicht mehr in meinen Körper hineingleiten. Das war der Tod. Ich war verzweifelt.«

Wie kamst du dann von deinem Körper weg?

»Ich kam von meinem Körper weg. Ja, ich wurde plötzlich weggezogen. Ein Sog, der mich von der Welt entfernte in ein neues Dasein, das aber aus nichts bestand. Ich kam in ein Nichts, in eine Welt ohne Konturen, einen Schwebezustand in einer Welt des Nebels.«

War jemand bei dir? Sprach jemand mit dir?

»Es sprach niemand mit mir. Du kannst mir glauben, dass du die Erste bist, mit der ich seit meinem Tod sprechen kann. Du kannst mein Sein zu Papier bringen.«

Charlotte Altmann

»Ich brachte mich um, gemeinsam mit Stefan. Aber wo ist er jetzt? Seit meinem Tod bin ich von ihm getrennt. Wir hätten es nicht tun sollen. Aber Stefan war des Lebens überdrüssig, des Krieges, der Ansichten der Nazis. Die Welt nahm keinen guten Weg. Ich war krank. Mir genügte das, was ich erlebt habe. Ich wäre nicht mehr gesund geworden, da beschloss ich mit Stefan zu gehen. Aber seitdem ich tot bin, bin ich alleine.«

Was geschah, als du gestorben bist?

»Ich wurde weggeführt von meinem Körper von einer geistigen Gestalt, die mir nichts Gutes verhieß. Es war kein Todesengel. Es war ein Geist. Er führte mich hierher und hieß mich zu warten. Seither bin ich hier und warte, dass Stefan kommt.«

Du hast ihn also nicht mehr gesehen.

»Nein, ich habe ihn nicht mehr gesehen.«

10. Von der Drogenscheinwelt in den menschlichen Tod

Bei den von mir kontaktierten Seelen, die im menschlichen Leben drogenabhängig waren und durch Überdosierung der Droge in den Tod übergingen, war keine wirkliche Tötungsabsicht vorhanden. Sie waren in einem Zustand, in dem es ihnen aber gleichgültig war, ob sie sterben würden oder nicht. Sie konnten das Risiko nicht mehr abschätzen. Sobald ihre Seele den Körper verlassen hatte, und sie sich selbst von außen betrachten konnten, war bei den Betroffenen absolute geistige Klarheit vorhanden und von der Wirkung der Droge nichts mehr zu spüren.

Alexander

»Es war ein Unfall. Aber ich war nicht bei mir, als ich fuhr. Ich hätte in diesem Zustand nie Autofahren sollen.«

Du hattest Drogen genommen?

»Ja, ich hatte Drogen genommen. Ich sah die Welt anders als sie war, und ich konnte nichts abschätzen.«

Wolltest du denn sterben?

»Ob ich sterben wollte? Ich war in einem Zustand, wo mir alles egal war. Ob ich lebe oder tot bin. Es war egal, gleichgültig. Es war ein Unfall, ein schwerer, selbst verschuldeter Unfall. Dann wachte ich auf, als ich außerhalb meines Körpers war.«

Spürtest du zu diesem Zeitpunkt noch die Wirkung der Drogen?

»Ob ich den Drogeneinfluss danach spürte? Ich spürte nichts mehr. Ich spürte meinen Körper nicht mehr. Ich hatte nur mehr die Erinnerung an alles, was war, und ich konnte irgendwie sehen, was passierte. Der Unfallort, mein toter Körper, alles war gleichzeitig. Dann auch die Anwesenheit eines neuen Freundes. Ich kannte ihn nicht, aber er sagte zu mir, dass ich ihn begleiten soll, und ich ging mit ihm zu diesem Ort hier, wo ich jetzt residiere.«

Jack London
War dein Tod freiwillig oder ein Unglücksfall?
»Diese Frage, liebe Hannah, kann ich dir beantworten. Es war Selbstmord in einer Situation, in der ich nicht richtig denken konnte. Ich war nicht klar in meiner Entscheidung. Ich nahm Medikamente, und es dürften derer zu viel gewesen sein. In Kombination mit Alkohol wirken diese letal. Ja, es war Absicht, aber es war keine Entscheidung eines freien Geistes, verstehst du?«
Dann warst du tot. Was geschah?
»Ja, ich war plötzlich neben mir, und ja, ich war klar, plötzlich klar und vielleicht am klarsten als je zuvor. Nur, ich war nicht mehr in meinem Körper. Ich konnte nicht mehr hineinschlüpfen sozusagen. Ich blieb mal dort und verharrte in diesem neuen Zustand.«
Warst du glücklich?
»Glücklich? Nein, das war ich nicht. Wie hätte ich das sein können. Ich sah das Resultat meiner Lebensweise daliegen. Ein Geschöpf des Grauens. Furchtbar, krank und versoffen. Wie hätte ich glücklich sein können.«
Gab es für dich einen konkreten Anlass, dass du mehr Tabletten einnahmst?

»Es gab keinen direkten Anlass für meine Todessehnsucht. Nein, es war ein langsames Abgleiten in geistige Umnachtung, um es aus jetziger Sicht so auszudrücken.«

Jane
Wolltest du sterben?
»Ob ich sterben wollte? Nein, ich wollte nicht sterben, aber wenn du Drogen nimmst, ist dir vieles egal, und in dem Rauschzustand fühlst du dich bereits wie im Himmel. Man wird süchtig. Süchtig nach diesem Empfinden, dem Himmel nahe zu sein, und dann ist es dir egal, ob du wirklich stirbst oder nicht. Wenn ich aber in einem nüchternen Zustand war und klar denken konnte, dann nein, dann wollte ich nicht sterben. Aber die Dosierungen werden in der Sucht immer höher. Ich war süchtig, und dann war es zu viel.«
Du bist jetzt tot. Fühlst du dich jetzt so wie in diesem Rauschzustand?
»Nun, ich würde deine Frage so beantworten. Im Rausch bist du in einer erfundenen Scheinhimmelswelt. Denn das, was ich hier sehe und empfinde, gleicht in keiner Weise einem Rauschzustand. Ich bin hier nicht high, ich bin hier in einem sehr nüchternen Zustand und sehe ganz klar meine Fehler auf Erden, und ich fühle ganz tief und echt. Das ist hier etwas ganz anderes.«

Marie
»Ich war krank, sehr krank. Ein Mensch, der so abhängig in jungen Jahren von Medikamenten ist, die glücklich machen sollen, der ist innerlich schon tot. Ich war innerlich tot, auch wenn ich äußerlich schön war. Ich war inner-

lich zerfressen. Ich fühlte mich als lebendige Marionette. Ich hatte Ärzte um mich, Vertrauenspersonen, die aber keine waren. Aber die wollten, dass ich lebe. Alle wollten Geld, und sie spielten sich auch gegenseitig um meinetwillen aus. Ich selbst war nicht mehr fähig zu entscheiden, also ließ ich geschehen, und dann machten sie Fehler. Sie behandelten mich nicht richtig. Ich starb aufgrund dieser Fehler.«

Das heißt, du hast dich nicht selbst umgebracht.

»Ich brachte mich selbst nicht um. Nein, ich wäre dazu nicht fähig gewesen. Aber ich war nur mehr Schein ohne Lebenswillen.«

Was passierte, nachdem du gestorben bist?

»Ja, was dann geschah? Plötzlich war ich neben mir und sah klar, sah alles, was geschehen ist, und konnte mich selbst einmal so betrachten, wie ich wirklich war. Kein Schein, sondern mich, mich selbst. Ich fühlte mich selbst wieder, auch wenn ich nicht mehr in meinem Körper war. Es ist egal, wer du da unten gewesen bist. Ich war Göttin auf Erden, hier bin ich es nicht. Hier bin ich eine Seele, die auf ihre endgültige Erlösung wartet.«

Aber nochmals zum Grund deines Verweilens hier. Du warst doch eine arme Frau, medikamentensüchtig, man hat dich ausgenutzt. Die Welt hat dich zu der gemacht, die du zuletzt warst. Warum musst du auf deine Erlösung warten?

»Ja, ich war arm. Ich war arm, auf diese Drogen angewiesen zu sein und nicht mehr ich selbst sein zu können. Aber ich habe mein Leben verspielt, verstehst du? Das ist der Grund, warum ich warten muss und nicht gleich weitergehen konnte.«

Alice

»Ich bin schon lange in einem zeitlosen Raum ohne Ende, ohne Beginn. Ich bin hier in einem Nichts. Es ist sein, einfach sein. Ich habe meinem Leben ein Ende gesetzt, bewusst und unbewusst zugleich. Ich wusste nicht, dass ich sterben werde, als ich die Tabletten nahm, aber ohne Tabletten wäre ich auch nicht gestorben. Ich wollte vieles nicht mehr sehen, nicht mehr hören. Ich vermisste meinen Sohn, und ich wollte nicht mehr. Aber ich wollte alles verdecken, mich zudröhnen, damit ich nicht so leide. Dann bin ich hier gelandet in dieser Welt.«

Bist du alleine?

»Ja, ich bin alleine. Ich durfte noch mein Leben sehen, was aus mir geworden ist. Das hat mir jemand aus dieser Welt gezeigt. Ich durfte mich über meine Erfolge freuen, und ich musste leiden über all das, was ich, was ich mir selbst antat und auch anderen. Aber jetzt ist es aus. Jetzt bin ich hier.«

11. Meinungsverschiedenheiten zwischen Seele und Schreibenden

Kann eine Seele ihre Ansichten, die sie als Mensch vertrat, in dieser Welt zwischen Himmel und Erde ändern? Hat sie die Möglichkeit weiter zu lernen und zu reifen?

Ich wollte mit keiner Seele schreiben, die durch ihre Gräueltaten in unserer Welt bekannt wurde, bevor sie sich das Leben nahm. Ich werde auf die näheren Hintergründe zu einem späteren Zeitpunkt noch eingehen.

Allerdings muss ich eingestehen, dass es nicht nur meine reine Absicht war, der Seele von Otto Weininger beim Weitergehen zu helfen, als ich den Kontakt mit ihm suchte. Mich interessierte, ob er in der Welt zwischen Himmel und Erde die gleichen Ansichten vertrat wie zu seinen Lebzeiten, sofern er sich überhaupt dort befand und eine Kommunikation zustande käme.

Otto Weininger (1880–1903) war ein österreichischer Philosoph, der extreme Theorien einer körper- und frauenfeindlichen Geisteshaltung und des Antisemitismus vertrat. Er beging seinen Suizid im Sterbehaus Ludwig van Beethovens in der Schwarzspanierstraße in Wien.

Otto Weiningers Weltanschauungen wurden zu der damaligen Zeit bereits angezweifelt. Heute sind sie weit überholt. – Es entstand folgende Konversation:

Otto Weininger
»Ich wollte sterben, weil ich nicht verstanden wurde und weil ich nicht verstand. Meine Werke wurden

117

gelesen, aber nicht ernst genommen. Ich selbst fühlte mich deswegen angegriffen. Ich griff mich selbst an. Ich konnte mich selbst nicht leiden.«

Denkst du jetzt genauso wie zu deinen Lebzeiten?

»Ob ich genauso denke, wie zu meinen Lebzeiten? Nun, es war keiner bisher bei mir, der mich eines Besseren belehrt hätte. Alles, was ich erarbeitet habe, bin ich auch jetzt. Ich vertrete die Ansichten, die ich auch auf der Erde gehabt habe.«

Kannst du dich an dem Ort, wo du jetzt bist, nicht ändern?

»Ob ich mich hier ändern kann? Warum? Ich bin der, der ich bin. Ich kann mich hier nicht ändern.«

Würdest du dich denn ändern wollen?

»Ob ich mich ändern wollen würde? Was für eine Frage! Dann wäre ich nicht mehr der Otto Weininger, wenn ich plötzlich eine andere Meinung hätte von Stellungnahmen, die ich vertrat.«

Hast du gesehen, wie sich die Welt seit deinem Tod verändert beziehungsweise weiterentwickelt hat?

»Ob ich sehen konnte, wie sich die Welt seit meinem Tod verändert hat? Ich sehe die Plätze meines Lebens. Ja, es gibt natürlich den Fortschritt, den hat es immer gegeben.«

Plötzlich wechselte Otto Weininger das Thema.

»Die Frauen, die Grundeinstellung aller Frauen ist des Körperlichen, der Begierde. Sie leben in ihrem Körper und nicht im Geist.«

Ich fühlte mich durch diese Aussage provoziert.

Das ist aber jetzt nicht dein Ernst! Du weißt hoffentlich schon von vielen Frauen, deren Intelligenz und Geisteshaltung beispielhaft sind?!

»Ja, siehst du, du wirst angriffslustig. Die Frauen haben einen anderen Charakter. Lies mein Buch, und du wirst mich bestätigt wissen.«

Das werde ich bestimmt nicht tun. Wie kann man nur so rückständig denken? Was bist du bloß für ein Mensch gewesen? Ich glaube, du hattest als Mann viele Komplexe.

»Greife mich nicht so an.«

Es wird wohl besser sein, wenn wir das Thema wechseln. Es ist nicht meine Aufgabe, dich zu belehren oder mit dir zu diskutieren, was richtig oder falsch ist.

»Ja, das ist eine vernünftige Wende.«

Ich brach das Gespräch ab. Ich wusste nicht, wie ich mich ohne Streit mit dieser Seele austauschen sollte. Es war absurd. Als wenn es auf Erden nicht schon genug problembehaftete Menschen geben würde, musste ich mich mit einer Seele auch noch auseinandersetzen? Ich fragte meinen geistigen Helfer und erhielt folgende Antwort:

»Konzentriere dich auf die Fortsetzung dieses Gesprächs, aber streite nicht mit ihm. Versuche wertfrei ihn in die erlösende Abholung zu führen.«

Ich bemühte mich nun um Sachlichkeit, als ich Otto Weininger nach Wiederaufnahme unserer Konversation fragte:

Konntest du dein Leben rückblickend betrachten?

»Ob ich mein Leben auf Erden rückblickend sehen konnte? Du möchtest wissen, was ich nachträglich davon hielt, nicht wahr?«

Jetzt wirst du aber angriffslustig.

»Nein, aber ich spüre deinen Schalk dahinter.«

Es ist gut. Lassen wir das. Ich möchte dir diese Frage wirklich ernsthaft stellen.

»Gut. Ja, ich konnte mein Leben nochmals durchblicken. Ich weiß nicht, ob es das ganze Leben war, vielleicht auch nur Abschnitte, Gutes und nicht so Gutes. Ja, ich konnte noch einmal hineinfühlen und mich aber auch in die betroffenen Menschen spüren, deren, unsere Gefühle spüren. Es war eine sehr intensive Geschichte.«

Glaubst du, dass es einen Himmel der Liebe gibt?

»Einen liebenden Himmel? Liebes Kind, wo gibt es denn so etwas? Du musst abkommen von dieser Vorstellung. Es ist hier friedlich, aber das ist es auch.«

Hast du denn keine Sehnsucht nach Liebe?

»Ob ich Sehnsucht habe, Liebe zu erfahren? Deine Fragen sind fraulich, und du weißt, ich denke anders.«

Willst du wieder mit mir diskutieren?

»Gut, wir brauchen darüber nicht wieder zu streiten.«

Die Fortsetzung von diesem von uns beiden sehr zwiespältig geführten Gespräch werde ich im Kapitel »Das Weitergehen« anführen.

12. Selbsttötung aus Sicht der Seelen

Eine Frage, die im Lauf der Gespräche immer wieder von mir gestellt wurde, lautete: »Wenn du die Möglichkeit hättest, mit diesem Wissen der jenseitigen Welt als Mensch noch auf Erden zu sein, würdest du dir nochmals das Leben nehmen?«

Die Antworten fielen unterschiedlich aus.

Thomas

Gibt es etwas, was du uns allen mitteilen möchtest?

»Wenn du mich fragst, ob ich euch allen einen weisen Rat erteilen kann von dort, wo ich bin, dann, dass ihr euch bitte, bitte nicht das Leben nehmen dürft. Habt Achtung vor allem, was lebt und freut euch, solange ihr Mensch sein dürft. Ich glaube zwar nicht, dass alle das erleiden müssen, was ich da durchmache, aber die Freiheit auf der Erde ist größer, als ihr glaubt. Auch wenn ihr irgendwo festgefahren seid im Beruf oder in der Familie, ihr könnt ja trotzdem vieles entscheiden und tun. Das kann ich hier nicht mehr. Meine Entscheidungsfähigkeit ist mir genommen worden.«

Seine Entscheidungsfähigkeit wurde ihm genommen. So hatte ich es noch nicht gesehen. Ein Mann, der täglich gewohnt war, Entscheidungen zu treffen, durfte diese Fähigkeit nicht mehr ausüben. Der sogenannte »freie Wille des Menschen« ist ihm durch seine allerletzte Entscheidung genommen worden.

Doris

Wäre es aus deiner jetzigen Sicht besser gewesen auf der Erde zu bleiben?

»Ich weiß nicht, was besser gewesen wäre. Wenn ich auf der Erde geblieben wäre, dann hätte sich meine Depression noch verschlimmert. So brauche ich keine Tabletten schlucken und bin halt hier als Geist gefangen. Aber ich habe keine Schmerzen oder so. Ich bin nur traurig, aber das war ich vorher auch schon.«

Und du musst mit deinen Angehörigen mitleiden.

»Ja, ich leide mit meinen Angehörigen. Das tut wirklich weh, und ich kann sie nicht trösten. Aber ich wäre auf Erden nicht mehr glücklich geworden.«

Brigitte

Wenn du noch einmal vor der Wahl stündest, würdest du dir wieder das Leben nehmen?

»Nein, ich würde diese Tat nicht mehr machen.«

Und jetzt – worauf wartest du oder gibt es etwas, worauf du wartest?

»Ich warte. Ja, ich warte, dass ich eine Chance bekomme, meinen Fehler wiedergutzumachen. Wenn ich könnte, würde ich gerne mit diesem Wissen wieder auf die Erde kommen.«

Friedrich

Wie lange musst du noch hier bleiben?

»Ich weiß nicht, wie lange ich noch hier bleiben muss. Ich darf weitergehen, auf eine schönere liebevollere Ebene. Das hat man mir gesagt. Ich hätte mich nicht erschießen sollen. Das wird geahndet, indem ich hier festhänge. Aber was hätte ich tun sollen? Ich wollte meine Familie nicht ins Unglück stürzen. Wenn ich gehe, so dachte ich, ist das Problem gelöst. Ich habe das für alle gemacht.«

Bereust du, dass du es getan hast?

»Ob ich es jetzt bereue? Ja, ich weiß, es hätte andere Möglichkeiten gegeben, weiterzumachen, anders zu arbeiten, bei meinen Lieben zu bleiben. Aber was soll's. Es ist jetzt mal so. Ich konnte und musste das Entsetzen miterleben, die Trauer und Wut über meinen Tod. Ich kann nun heute hier sagen, dass mir das leidtut. Aber aus dem damaligen Standpunkt heraus sah ich meinen Tod als die beste Lösung für einen guten Weiterbestand von dem, was ich für meine Familie geschaffen habe.«

Gerhard

Würdest du wieder freiwillig in den Tod gehen, wenn du mit dieser Erfahrung als Mensch noch auf der Erde wärst?

»Ob ich es wieder tun würde? Welche Frage! Ich kann das jetzt gar nicht so beantworten. Ich weiß nicht, was sonst passiert wäre. Ich war meines Lebens überdrüssig. Weiterzuleben hätte mir keine Freude mehr gemacht. Hier ist es so, dass ich meine ewige Ruhe habe.«

Martin

War es richtig, dass du dir das Leben genommen hast? Würdest du, wenn du noch einmal die Möglichkeit hättest, es wieder tun?

»Richtig? Nein, ich sagte doch, ich war ein Feigling. Drehe ich die Zeit zurück, wäre ich vielleicht auch schon tot, aber ich wäre halt langsam krepiert. Aber durch meinen waghalsigen tollkühnen Sprung ins Nichts habe ich mir das normale Sterben versaut und bin jetzt eben hier.«

Was, glaubst du, wäre sonst passiert, wenn du eines natürlichen Todes gestorben wärst?

»Sonst? Ich glaube, mich hätten Engel geholt und mich lieb gehabt.«

Hast du daran geglaubt?

»Ja, ich habe an den ewigen Frieden geglaubt, an die Liebe im Himmel.«

Simon

Simon, wenn du noch einmal vor der Wahl stündest – würdest du dich noch einmal für die Euthanasie entscheiden?

»Ob ich nochmals die Euthanasie wählen würde, wäre ich auf Erden?«

Es entstand eine Pause.

Simon, bist du noch da?

»Ich bin da. Ich weiß keine Antwort. Ich vermisse meinen Bruder. Ohne ihn bin ich nicht der, der ich sein will. Ich habe mir erwartet, mit meinem Bruder gemeinsam zu sein, wenn ich tot bin. Ich glaubte, wir glaubten, dass wir beide gemeinsam ein Leben im Himmel haben könnten ohne Einschränkungen und Behinderungen. Dem ist nicht so oder noch nicht so. Ich weiß es nicht. Ich kann deine Frage nicht beantworten.«

Erich

Glaubst du jetzt, dass der Tod durch Euthanasie eine Fehlentscheidung war oder würdest du noch einmal so entscheiden, wenn du als Mensch vor der Wahl stündest?

»Ob es ein Fehler war mich umbringen zu lassen auf freiwilliger Basis? Ja. Es war nicht richtig, das spüre ich hier ganz deutlich. Aber ich war unglücklich. Ich wollte nicht so leben mit all diesen Behinderungen und auch mein Bruder wollte sich das ersparen. Unser Leben wäre schlimmer geworden. Aber der Tod, dieser unechte Tod hier ist nicht das, was ich wollte.«

Herbert
Würdest du dir wieder das Leben nehmen, wenn du noch einmal vor der Wahl stündest?
»Ob ich es noch einmal tun würde mit dem Wissen dieser Ruhe hier? Ich kann das jetzt so gar nicht sagen. Ich weiß, dass ich nicht dort bin, wohin ich sonst, wenn ich normal gestorben wäre, hingekommen wäre. Daher würde ich es mit diesem Wissen jetzt eigentlich nicht mehr tun.«
Was wäre das für ein Ort?
»Der Ort, wohin wir Menschen kommen, wenn wir den Mut haben bis zum eigenen Ende abzuwarten, dürfte doch noch um einiges schöner sein als hier. Aber es geht mir gut. Tun würde ich es aber nicht mehr.«

Mohamed
Wenn du mit diesem Wissen nochmals in dieser Situation auf Erden wärst, würdest du dir wieder das Leben nehmen?
»Ich würde versuchen anders zu handeln. Ich würde es nicht wieder tun. Ich war zutiefst in Scham. Die Verbrennung war von mir selbst verursacht, in dem Moment, als ich wusste, mit diesen Beleidigungen nicht mehr leben zu können. Ich hätte aber meinen Mann

stehen müssen, mich weiterhin wehren. Die Flucht in den Tod war nicht richtig.«

Geht es dir jetzt gut?

»Es geht mir gut, ja. Ich bin aber nicht bei Allah. Ich bin im Schleier des Vergessens. Allah, mein Allah, wo bist du?«

Josef

Bereust du den Schritt der Euthanasie?

»Ob ich meinen Schritt bereue? Nein, ich bereue ihn nicht. Ich wollte nicht als das, als dieses Etwas leben, was ich zuletzt war. Ich war weder Mann noch Frau. Alles misslang, keiner wollte mich lieben. Was hätte ich tun sollen? Ich war ein Schauobjekt, nichts mehr. Der Entschluss zu sterben war ganz tief in mir verankert, und es wurde mir gestattet.«

Es wurde dir von den Menschen gestattet. Und jetzt? Wurde dir der Euthanasie-Tod auch von der geistigen Welt erlaubt?

»Ob es mir auch von der geistigen Welt erlaubt wurde zu sterben? Du meinst, weil ich jetzt tot bin, kann ich dir diese Frage beantworten?«

Ja. Es könnte den Menschen eine Antwort geben, ob Euthanasie gut ist und allgemein erlaubt werden sollte.

»Ja, ich weiß. Also was ich als Geist, der durch Euthanasie starb, dir sagen kann, ist, dass ich keinerlei Zurechtweisung erhalten habe. Als ich tot war und erlöst von diesem Körper, schwebte ich über mir und konnte alles sehen, die Menschen beobachten, wie sie mit mir weiterverfuhren oder dem, was von mir an Körperlichem noch da war. Ich war frei, endlich frei, aber ich war alleine. Das spürte ich sehr bald. Es kamen keine Engelein oder der liebe Gott, um mich zu holen. Ich war da, ohne gesehen zu werden, weder von den Menschen noch von der geistigen Welt.«

Peter

»Ich hab mir das Leben genommen, weil ich in vielen privaten Angelegenheiten verstrickt war, die mir das Leben schwer gemacht haben. Ich war depressiv. Es war eine Kurzschlusshandlung, und unsereiner weiß ja, wie es geht, wenn man will.«

Tut es dir leid, dass du es getan hast?

»Nun ja, ja, eigentlich schon. Ich bin hier zur Untätigkeit verdammt, bin Zuseher in erster Reihe und überwache die weiteren Geschehnisse zu Hause und in der Arbeit. Niemand hat mich jemals bemerkt. Ich wollte nicht mehr leben an sich, wollte weg von hier. Alles andere hatte ich nur erhofft. Ich hoffte auf eine schönere Welt mit Blumen, mit Freude, mit Treffen vieler, die man gekannt hat.«

Norbert

Bereust du, dass du den Schritt der Euthanasie gewählt hast?

»Ob ich den Schritt bereue, den ich gesetzt habe? Für Reue ist es zu spät. Ich wäre ein Krüppel geworden, hilflos. Das habe ich mir erspart. Ob es anders geworden wäre, hätte ich mein Leiden ertragen wollen, das weiß ich nicht. Ich kann nicht sagen, dass ich es bereue.«

Liselotte

Glaubst du, dass es ein Fehler war, dir selbst das Leben

zu nehmen? Würdest du es wieder tun, wenn du nochmals vor der Wahl stündest?

»Ob es ein Fehler war, ob ich die Tat noch einmal setzen würde? Na ja, das weiß ich jetzt nicht. Ich weiß nicht, ob es anders wäre, wenn man so stirbt. Ich habe den Himmel, den ich mir gewünscht habe, nicht gesehen. Daher weiß ich nicht, ob es anders gewesen wäre.«

Walter (mein Großvater)

Möchtest du deinen Kindern, das heißt meiner Mutter und meiner Tante, etwas mitteilen?

»Ob es etwas gibt, was ich meinen Kindern sagen möchte?

Liebe Astrid, liebe Christa, liebste Töchter! Ja, ich möchte mich entschuldigen für die Traurigkeit, die ich euch hinterlassen habe. Ich habe nur an mich gedacht und nicht an euch. Das war ein Fehler. Es war alles ein Fehler. Ich hätte mich nicht umbringen sollen. Es tut mir sehr leid, aber ich bin stolz auf euch, dass ihr beide da seid. Schaut auf euch und liebt euer Leben. Das kann ich euch von hier aus sagen und dir, liebe Enkelin, sage ich, schön, dass du so mit mir reden kannst. Ich hätte dich aber auch besser selbst in den Armen halten sollen. Dafür ist es jetzt zu spät.«

Gyatso

Du bist für dein Land gestorben.

»Ja, ich starb für mein Land. Ohne unser aller Wirken können wir keinen Erfolg erzielen. Ich opferte mich für mein Land Tibet, und ich weiß, dass über uns Mönche berichtet wird.«

Wenn du noch einmal vor der Wahl stündest, würdest du dir das Leben nochmals nehmen? Oder würdest du deine Tat gerne rückgängig machen?

»Rückgängig machen? Nein. Ich ging bewusst in den Tod meines Körpers, damit Tibet lebt. Ich bin bewusst in den Tod gegangen, und ich bin bewusst aus diesem Leben geschieden. Ich war immer bei mir, und als Sein ohne Körper konnte ich wahrhaftig alles klar sehen. Mein Leben, mein Kloster, die Unterdrückung. Ich sah alles ganz klar. Ich selbst war schwerelos.«

Und glücklich?

»Glücklich? Ich war glücklich, das gemacht zu haben, was ich vorgehabt hatte. Es war geschafft. Ich wollte als Buddhist sterben, um als Buddhist wiederzukommen, einen Neuanfang zu machen, um für unser Land weiterzuleben in einem neuen Dasein.«

Norbu
Selbstverbrennung.

»Ja, Selbstverbrennung. Ich ging durch diese Schritte, weil ich nicht mehr mitansehen wollte, wie wir leiden und unterdrückt werden. Ich wollte für Tibet sterben, um dann in einem neuen Leben bessere Möglichkeiten zu haben, mein Land gegen die Chinesen zu verteidigen.«

Was für ein Leben wäre das? Was meinst du mit »besseren Möglichkeiten«?

»Was besser wäre? Vielleicht eine Rolle in der Politik außerhalb Tibets im Exil bei Dalai Lama.«

Aber bis du so weit wärst, wäre der jetzige Dalai Lama schon tot.

»Ja, aber seine Inkarnation wäre dann da, und gemeinsam könnten wir uns für unser Land einsetzen.«

Kannst du denn deine Wiedergeburt so steuern?

»Meine Wiedergeburt so steuern? Ich bin vorbereitet durch die buddhistischen Prüfungen zu gehen. Ich fürchte mich nicht davor.«

Wäre es für dich nicht besser gewesen zu fliehen?

»Flucht? Ja, natürlich. Nur das wäre nicht einfach gewesen, und ich wollte kein Opfer der Chinesen werden. Ich beschloss das selbst in die Hand zu nehmen.«

Ist Selbstmord nicht in deinem Glauben verboten!?

»Verboten ja. Aber ich wollte vorbereitet auf die Prüfungen für unsere Sache sterben. Ich wollte mit meinem Tod internationale Aufmerksamkeit erregen. Ich fürchtete mich nicht zu sterben.«

Lobsang

War es gut, dass du dich geopfert hast?

»Ob es gut war für Tibet zu sterben? Der Meister sagte nicht, ob es gut war oder nicht.«

Ist es im Buddhismus erlaubt, freiwillig aus dem Leben zu scheiden?

»Es wird nicht gutgeheißen. Du darfst dein Karma nicht selbst beenden. Ich tat es aber, um Aufmerksamkeit zu erregen. Ich wusste, es wird über mich berichtet werden. Die Menschen in der Welt werden davon hören und erkennen, wie es ist in Tibet. Dass wir nicht so leben können, wie wir möchten. Wir werden gefoltert, die Frauen angehalten, keine Kinder zu bekommen, wir werden geprügelt. Wir können nicht so leben in dem Land, das uns gehört.«

Ja, aber war es für dich selbst denn gut, dass du dir dein Leben durch Selbstverbrennung nahmst?

»Ob es gut war, dass ich mich verbrannte? Wer weiß wofür? Vielleicht war es gut.«

Sangpo

»Ich weiß, dass ich höchste Liebe empfangen werde. Aber es war nicht mein Ziel, nur für mich Allerhöchstes zu erreichen. Ich starb, um mich hinzugeben, als Opfer für alle Lebewesen.«

Ich sehe den Sinn nicht dahinter.

»Der Sinn ist der, Befreiung zu erlangen. Ich kann durch meinen Tod Opfer sein für alle, die leiden, für mein Volk, das leidet. Ich kann ihr Leiden auf mich nehmen und es mit meinem Tod auflösen.«

Das verstehe ich nicht. Das Volk leidet ja noch immer.

»Ja, sie leiden noch immer. Tibet wird durch meinen Tod nicht frei werden, nicht durch meinen Tod alleine. Aber versuche zu verstehen, dass diese Leiden auf einer anderen Ebene versucht werden aufzulösen.«

Erkennst du das jetzt?

»Ob ich das erkenne? Das, liebes Kind, erkennen wir erst nach unserem Tod. Das Volk leidet, aber wenn auch sie ihrer Körper enthoben sind, werden sie weitergehen können, neugeboren werden auf einer Ebene, die frei sein wird von Gewalt und Unterdrückung.«

Ich gebe zu, es fällt mir schwer, daran zu glauben.

»Ja, es ist schwierig für dich zu erfassen, aber es ist so.«

Das heißt für dich, dass du nach wie vor der Meinung bist, dass deine Selbstverbrennung, deine Art in den Tod zu gehen, sinnvoll war.

»Ja, mein Tod war sinnvoll, natürlich.«

Hat dir das auch jemand gesagt, dass dieser Tod sinnvoll war oder ist das nur deine Meinung?

»Ich möchte gerne lachen, aber ich kann mich jetzt nicht so äußern. Es ist so. Ich brauche dazu jetzt niemanden zu fragen. Ich wahre mich in Achtsamkeit und Geduld bis zu der Entscheidung meines weiteren Werdens und Neuentstehens.«

13. Das Weitergehen

Wohin gehen wir? Immer nach Hause.«
(Novalis)

Ich möchte noch einmal darauf zurückkommen, warum ich begonnen hatte, mit Seelen nach ihrem Freitod zu schreiben. Es war Thomas' freiwilliger Tod, der mich betroffen machte und in dessen geistige Welt ich Einblicke gewinnen durfte. Nach ein paar Tagen des Schreibens mit seiner Seele hatte ich ein ungefähres Bild, was mit Thomas nach seinem Tod geschehen war. Aber warum konnte und durfte ich mich mit ihm auf diese Weise austauschen?

Es war für mich klar, dass ich diesen Kontakt so nicht mehr lange aufrechterhalten konnte. Meine Nerven waren strapaziert. In dieses geistige Gespräch einzusteigen, kostete mich jedes Mal Kraft. Thomas vermittelte mir in erster Linie Selbstkritik, Ironie und Bedauern. Gefühle, die sich beim Schreiben automatisch auf mich übertrugen.

Ich habe Kinder, Beruf und viele »irdische Verpflichtungen«. Es war für mich sehr mühsam, mit diesem Gefühl der Schwere meinen Alltag zu bewältigen. Ich fühlte mich, als müsste ich regelmäßig einen Gefängnisbesuch absolvieren und wäre die Einzige, die zu dem Gefangenen vordringen durfte. Trotzdem konnte und wollte ich Thomas nicht im Stich lassen. Es stand mir auch nicht zu, ein göttliches Urteil zu kritisieren. Doch fand ich, dass es Thomas nicht verdient hatte, dort zu sein, wo er jetzt war. Aber was sollte ich tun?

In meiner Not vertraute ich mich Personen an, die Thomas gekannt hatten. Viele waren von seinem Freitod schwer betroffen. Es war daher für mich kein einfacher Schritt, ihnen von meinem geistigen Kontakt zu Thomas' Seele zu erzählen. Ich wollte jedoch anderer Menschen Meinung zu seinen Aussagen hören und bekam nach dem Vorlesen unter anderem folgende Worte gesagt: »Du bist ja fast verpflichtet, mit ihm weiterzuschreiben! Es hilft ihm irgendwie …«

Das war eine irdische Meinung. Ja, ich fühlte mich »irgendwie« verpflichtet … Aber zu was?

Ich nahm mir den nächsten Vormittag frei, um in aller Ruhe zu einer Lösung für Thomas, aber auch für mich zu kommen. Thomas musste sich selbst ändern, sich seiner mehr annehmen, das stand für mich einmal fest.

Ich konzentrierte mich auf meinen himmlischen Helfer und fragte:

Habe ich bei Thomas eine Aufgabe?

»Liebe Seele! Du bist gesegnet. Deine Aufgabe ist es, Thomas ins Licht zu führen.«

Aber ich bin doch Mensch! Das ist doch nicht meine Aufgabe?!

»Du bist Mensch, und es ist für dich eine wunderschöne Aufgabe, und mit unserer Kraft wird dir das auch gelingen. Es ist deine Aufgabe, weil es für dich eine göttliche Fügung ist. Du wirst aber Hilfe brauchen und die bekommst du von uns. Es ist gut, welche Schritte du dir überlegt hast. Geh mit Thomas nochmals das durch, was er dir gesagt hat. Lass ihn selbst mitarbeiten und führe ihn zu einem Glauben, der ihn von sich selbst befreien wird. Du kannst jederzeit Engel anrufen. Sie werden da sein und helfen.«

Darf Thomas dann weitergehen?

»Wenn es dafür Zeit ist und er daran glauben kann, ja.«

Darf ich daran teilnehmen?

»Ja, du wirst daran teilnehmen dürfen.«

Ich begann zu weinen.

»Du brauchst doch nicht weinen. Du hast die Möglichkeit ihn weiter zu führen und wirst es miterleben dürfen. Dann ist er dort, wo er zu Hause ist, und du kannst mit ihm dann wie mit allen Seelen, denen es erlaubt ist und die möchten, jederzeit wieder in Kontakt treten.«

Ist mir das dann noch erlaubt?

»Du weißt doch, dass es dir erlaubt ist, und es bedeutet für euch Freude. Es ist gut. Beginne mit deiner Arbeit. Thomas wartet.«

Ich kämpfte mit meinen Tränen und fühlte wieder die Schwere, als ich Thomas kontaktierte.

»Liebe Hannah! Schön, wieder mit dir zu schreiben. Du brauchst nicht traurig sein. Ich weiß, dass du es bist, aber bitte lass das doch.«

Thomas, ich möchte versuchen, dich von dort, wo du bist, zu befreien. Du musst von diesem Ort wegkommen. Ich weiß nicht, ob es gelingen wird und wo du danach sein darfst. Ich weiß nur, dass du weitergehen musst. Lass es uns probieren.

Ich spürte, wie sich die Energie änderte. Obwohl ich die Schwere noch spürte, fühlte ich mich plötzlich kräftig. Ich war in tiefer Konzentration und wusste, dass ich Thomas führen musste. Aber wohin? Ich begann ihm wieder Fragen zu stellen:

Kannst du eigentlich in diesem Zustand nachdenken, grübeln, träumen oder dir Dinge erdenken?

»Diese Frage ist gut. Ich kann hier so viel nachdenken. Bin ja nur mehr nicht mehr existierendes Gehirn. Träumen, nun ja, eigentlich nicht. Ich darf über Vergangenes denken und fühlen, und ich darf hoffen.«

Aber wenn du hoffen darfst, dann kannst du auch von etwas träumen?!

»Ja, dann träume ich von etwas Besserem als jetzt. Wenn es Fantasien sind, dann hoffentlich solche, die sich umsetzen lassen.«

Thomas, du hast in unseren Gesprächen nur schlecht von dir gesprochen, indem du dich als dumm, schwierig, launenhaft, nicht ehrenhaft und als kopflosen Narr bezeichnetest. Warum kannst du dich nicht in einem besseren Licht sehen mit all deinen guten Eigenschaften?

»Ja, die Kritikfähigkeit konnte ich hier sehr erweitern, was mich anbelangt.«

Hast du auch das Gute an dir gesehen?

»Ja, ich sehe auch Gutes. Das wird mir gezeigt. Ich sehe, dass ich Menschen geholfen habe, dass man mit mir lachen konnte, dass ich fleißig war. Es ist sogar sehr schön, das zu sehen, und es bringt mir Leichtigkeit. Trotzdem darf ich nicht weitergehen, weil ich das getan habe.«

Weißt du, vielleicht kann dir dort, wo du bist, nicht geholfen werden, solange du dir selbst nicht verziehen hast. Kannst du dir selbst verzeihen? Kannst du dir selbst verzeihen, dass du dir das Leben genommen hast?

»Ob ich mir selbst verzeihen kann, dass ich mir das Leben nahm? Da weiß ich jetzt keine Antwort darauf. Ich weiß nicht, ob das wesentlich ist, dass ich mir selbst verzeihe. Ist es nicht wichtiger, dass mir verziehen wird?«

Aber du bereust doch deine Tat.

»Ja, ich bereue es zutiefst.«

Und kommt nicht nach dem Bereuen das Verzeihen?

»Nach dem Bereuen kommt das Verzeihen. Ich kann darüber einmal nachdenken. Ja, das werde ich tun.«

So. Jetzt komme ich wieder auf deinen Glauben zurück. Hast du an Engel geglaubt?

»Engel? Liebe Hannah, das waren für mich Kindheitsgestalten. Als Erwachsener habe ich an Engel nicht mehr geglaubt. Ich habe auch noch keinen gesehen.«

Was ist mit Christus, der Mutter Gottes, Heiligen, Buddha, Allah, Mohammed ... Wen soll ich noch alles nennen? Irgendjemand, an den du vielleicht geglaubt hast?

»Christus, Maria ... Was du alles wissen willst. Ich habe mich nicht tiefer mit dem Glauben auseinandergesetzt, es aber respektiert, wenn jemand gläubig war.«

Aber an irgendetwas, Thomas, musst du doch geglaubt haben!

»Liebe Hannah, ich kann dir das leider nicht besser beantworten. Ich bewunderte Leute, die glauben konnten. Ich glaubte nur, dass ich Ruhe finde, wenn ich tot bin.«

Und an die himmlische Gerechtigkeit, wie du einmal gesagt hast.

»Gerechtigkeit in dem Sinne, dass ich versuchte, gut zu handeln, mich sehr einsetzte für das und für Menschen, die mir wichtig waren. Insofern fürchtete ich nichts Schlimmes danach. Dass ich jetzt dort bin, wo ich bin.«

Ich spürte wieder ein Grauen in mir hochsteigen und machte kurz eine Pause beim Schreiben.

Entschuldige.

»Nein, es ist gut. Lass uns über etwas anderes reden. Du willst auf irgendetwas hinaus.«

Ich spürte sein Drängen. Wir wussten beide, dass es jetzt um etwas Wichtiges geht. Thomas musste begreifen, glauben, bitten … Vielleicht würde ihn das weiterbringen?

Ja. Kannst du dir jetzt vorstellen, deinen Glauben weiterzuentwickeln?

»Ob ich meinen Glauben ändern kann? Du weißt, dass das, was ich fühle und denke, unverfälscht ist. Wenn ich an Vergebung glaube, so tue ich es auch aufrichtig.«

Ich musste anders ansetzen. Diese Glaubensfragen führten uns nicht weiter.

Okay, anders … Thomas, hast du Situationen auf Erden erlebt, wo dir etwas passiert ist, das dich an irgendeine himmlische Hilfe hätte glauben lassen? Wo dir geholfen wurde und du wusstest eigentlich nicht warum oder woher?

»Liebe Hannah, ja, natürlich ist mir vieles passiert, wo man mehr hineininterpretieren könnte. Glück, Zufall … Ich habe aber nie jemanden gesehen, der mir unsichtbar geholfen hätte. Ja, dann hatte ich eben Glück.«

Hat dir denn dein Geistführer nicht vielleicht gerade diese Situationen noch einmal gezeigt? Wenn nicht, dann sag ihm, er soll dir diese Situationen nochmals zeigen und vielleicht kannst du dann erkennen, dass dir geholfen wurde!

»Liebe Hannah, der Geistführer hat mir vieles schon gezeigt. Er hat mir freudvolle Momente gezeigt. Ich freute mich dann einfach.«

Er ließ dich wissen, dass du Hoffnung haben darfst, diese Ebene einmal zu verlassen.

»Ja, so wurde es mir gesagt.«

Von deinem Geistführer. Du hättest auf Erden auch nie geglaubt, dass es so etwas wie einen Geistführer gibt und trotzdem sprichst du jetzt von ihm und mit ihm.

»Wer das ist, ich weiß es nicht.«

Puuuuh. Das ist so schwer, Thomas. Wie soll ich dir das nur sagen? Du musst glauben, Thomas. Ich weiß ja auch nicht wie ein Engel aussieht. Ich hab ja auch noch keinen gesehen. Aber du bist einen Schritt weitergegangen und hast von deiner Ebene aus viel eher die Möglichkeit, einen Engel zu sehen, als ich auf der Erde.

»Ja, da hast du recht.«

Ich spürte so die Dringlichkeit! Ich fühlte mich wie von einer unsichtbaren Kraft getragen, als ich eindringlich auf ihn einsprach.

Du musst darum bitten, Thomas. Bitte einen Erzengel oder eine himmlische Macht, dass du erlöst und abgeholt wirst!

»Hannah, du willst mich zum Beten bringen.«

Ja!

»Ja ...«

Thomas?

Stillstand.

Thomas, bist du noch da?

Stillstand.

Ich brauchte nicht mehr zu fragen. Es war eindeutig fühlbar. Thomas war weg. Ich lehnte mich zurück. Die Schwere war weg. Thomas war so schnell verschwunden, dass er sich nicht einmal mehr verabschieden konnte. Ich spürte ihn nicht mehr. Der Stift stand felsenfest. Wenn meine Traurigkeit sich bereits ebenfalls in Luft aufgelöst hatte, dann zumindest in der Form, dass dieses belastende dumpfe Gefühl in mir schlagartig vorbei war.

Ich glaube, Thomas hat verstanden, wurde (von wem auch immer …!) abgeholt und durfte nach Hause gehen.

Ich legte den Stift auf den Tisch und lehnte mich wieder zurück. Es war eine tiefe Stille im Raum, die ich erst jetzt bemerkte. Ich fühlte mich erschöpft, als wenn ich gerade eine Prüfung absolviert hätte. Ich war erschöpft, aber glücklich. Ja, und verwundert. Was war das jetzt? Ich hatte so etwas noch nie erlebt. Es war für mich klar, dass ich Thomas überzeugen konnte, er weggehen, ich hoffte, weitergehen durfte. Alles war wieder so unmittelbar, so schnell … unglaublich.

Eine Taube landete auf dem Fensterbrett und sah durch die Fensterscheibe in mein Zimmer hinein. Es war keine weiße Friedenstaube, sondern eine gewöhnliche Haustaube. Aber sie blieb so lange auf dem Fenstersims sitzen und starrte neugierig in den Raum, bis mein Kater sie aufspürte und verjagte. Sah sie mehr als ich?

Thomas war weg – aber wohin ist er weitergegangen? Das wollte ich noch gerne erfahren. Nach einer erholsamen Pause fragte ich meinen himmlischen Helfer.

»Liebe Seele! Thomas wurde abgeholt. Freue dich für ihn. Er ist dir so dankbar.«

Aber ich durfte nur so weit teilnehmen, dass ich sein Verschwinden spüren durfte! Ich weiß nicht, was er gesehen hat oder was er erleben durfte?!

»Du hast teilgenommen, auch wenn du es nicht gesehen hast, so hast du es gespürt.«

Ich freue mich für Thomas. Trotzdem bin ich irgendwie noch immer traurig.

»Das sind aber nur mehr deine Gefühle, die du

verarbeiten wirst und kannst. Thomas wurde in den Himmel geführt. Thomas hat einen Engel gesehen, und er lacht und freut sich.«

War das jetzt meine Aufgabe?

»Ja, das war deine Aufgabe. Der Himmel freut sich. Wenn du sehen und erkennen willst, liebe Seele, es wird dir gezeigt werden, wenn du dafür reif gefunden wirst.«

Ich möchte jetzt über das Weitergehen anderer Seelen berichten.

Doris

Ich war ratlos, wie ich mit Doris weitersprechen sollte. Wenn es auch bei ihr meine Aufgabe war, wie sollte ich sie weiterschicken? Ich wandte mich wieder an meinen geistigen Helfer:

Was kann ich tun, damit Doris weitergehen kann?

»Liebe Seele! Wenn du fragst, was du tun musst, damit Doris in den Himmel eingehen kann, so können wir dir raten, dass du sie um ein Gebet bittest.«

Warum tun diese Seelen das eigentlich nicht von selbst? Ich meine, es ist doch naheliegend, dass man um Hilfe bittet, wenn man in Not ist.

»Warum diese Seelen nicht beten, weil sie in ihrer Traurigkeit und in ihren Gefühlen festgehalten sind und sie nicht an Wunder glauben. Sie kennen sich nicht aus in diesem Zustand zwischen Himmel und Erde. Sie sind verwirrt und der Erde noch näher als dem Himmel. Sie übernehmen all ihr irdisches Denken und das beinhaltet auch, ihren Glauben beziehungsweise Nichtglauben. Du sollst Doris aber bitten, dass sie betet. Sie muss an die Liebe in Form einer göttlichen Liebe glauben können, damit sie weitergehen kann und ihre weitere Aufarbeitung in Liebe geschehen lassen kann. Lass sie nicht weiter anklagen, sondern lass sie an Gott glauben, und du wirst sehen, was geschehen wird.«

Muss sie beziehungsweise müssen wir ein spezielles Gebet sprechen?

»Nein, du musst keine Gebetsformeln aufsagen. Das Gebet muss von ihr ausgehen und von ihrem Innersten herauskommen.«

Ist der Zeitpunkt jetzt gut, soll ich beginnen?

»Du bist konzentriert. Du kannst beginnen.«

Hallo, Doris.

»Liebe Hannah. Ja, ich bin hier, Doris. Du hast Zeit gefunden. Ich freue mich. Du wolltest von mir wissen, ob ich hier anders glauben kann als auf der Erde, und ich bin im Unverständnis, weil mir hier niemand hilft. Also warum soll ich glauben?«

Doris, so kommen wir nicht weiter. Wenn du nicht lernst zu glauben, wirst du nicht weitergehen können. Du musst glauben.

»Liebe Hannah, das ist lieb, was du sagst, nur mir fehlt der Glaube daran. Weißt du, ich kann nicht sagen, dass ich glaube, wenn ich es nicht tue.«

Aber du siehst ja auch den Geist, der dir manche Szene auf Erden zeigt?

Stillstand.

Doris, bist du noch da?

»Hannah, ja. Der Geist, ja, er ist da. Nicht immer, aber

er kommt immer, um mir etwas zu zeigen, was ich auf Erden gemacht habe oder was auf der Erde geschieht.«

Hättest du auf der Erde geglaubt, dass es so einen Geist gibt?

»Ob ich auf der Erde gedacht hätte, dass es ihn gibt? Puuh, ich weiß nicht. Ja, er ist für mich der Einzige hier, der neben dir mit mir spricht, aber er sagt nicht viel.«

Kannst du dir vorstellen, dass nicht nur dieser Geist, sondern auch zum Beispiel Jesus bei dir ist oder ein Engel?

»Ob ich mir vorstellen kann, dass Jesus bei mir ist oder ein Engel? Hannah, das ist hier anders …«

Stillstand.

Doris?

»Hannah, ja, ich bin da. Ein Engel? Da ist kein Engel.«

Aber kannst du dir vorstellen, dass einer da wäre?

»Vorstellen? Ich muss daran glauben, damit ich es mir vorstellen kann? Liebe Hannah, du meinst es gut mit mir.«

Du musst beten, Doris. Bete, dass ein Engel kommt, um dich von hier zu befreien.

»Liebe Hannah, ich soll beten, wo man mich alleine gelassen hat?«

Du bist stolz, Doris. Lass den Stolz mal weg …

»Stolz? Habe ich den? Was heißt Stolz? Ich war auf der Erde ganz, ganz unten. Ich hatte keinen Stolz mehr, sonst wäre ich nicht in den Tod gesprungen.«

Aber du hast doch selbst gesagt, dass du an Liebe im Himmel glaubtest, an einen liebenden Himmel.

»Den Himmel lieb haben? Ich dachte, ich wäre willkommen.«

Dann bitte den liebenden Himmel darum, dass er dich aufnimmt. Du hast doch Hoffnung, dass das geschieht, oder? Liebst du den Himmel?!

»Liebe und Hoffnung, den Himmel lieben. Ob ich den Himmel liebe? Ja, wenn ich dorthin komme. Ja, dann bitte ich. Bitte, bitte …«

Doris?

Der Stift stand. Ihre letzten Worte erfolgten sehr schnell, und das Bitten war wie ein Aushauchen. Mein Pulsschlag erhöhte sich, und es kribbelte in beiden Armen bis zu den Fingerspitzen. Doris war weg!

Ich fragte die geistige Welt, ob Doris weitergehen konnte.

»Du möchtest wissen, ob Doris in den Himmel aufgenommen wurde? Liebe Seele, deine Arbeit ist getan. Du konntest Doris weiterhelfen. Ja, Doris wurde abgeholt durch ihre Bitte an einen liebenden Himmel. Liebe Seele, du warst erstaunt, als du es spüren konntest. Das, was du gespürt hast, war die hohe Energie, von der Doris umgeben wurde. Das elektrisierende Gefühl deiner Hände und der Herzschlag waren Zeichen dieser hohen Energie.«

Wie geht es Doris jetzt?

»Doris geht es jetzt besser. Sie darf die Liebe empfinden, nach der sie sich gesehnt hat. Du kannst noch einmal mit ihr schreiben, wenn du willst.«

Wer hat Doris abgeholt?

»Wenn du wissen willst, wer Doris abgeholt hat, so ist das wieder deine Frage nach den Abläufen im Himmel. Ein liebender Engel. Das ist es, worauf du die Antwort beruhen lassen kannst. Die weiteren

Abläufe im Himmel sind dir noch fremd, weil du auf Erden zu leben hast. Aber sei getrost, du wirst es erfahren, wenn die Zeit für dich da ist. Du darfst aber weiterhin auch mit Seelen, die weitergehen durften, schreiben und Kontakt aufnehmen. Das weißt du auch.«

Soll ich auch weiter mit Seelen schreiben, die sich selbst das Leben genommen haben?

»Wenn du fragst, ob du wieder mit einer armen Seele, die ihr Leben auf Erden selbst beendete, schreiben sollst, damit sie weitergehen kann, so ja. Es ist eine dir anvertraute Arbeit und der Himmel freut sich über deine Zusammenarbeit.«

Und wer soll die nächste Seele sein?

»Wenn du fragst, mit wem du schreiben sollst, da es doch so viele Seelen gibt, die diesen Weg gegangen sind, so können wir dir sagen, dass du auch mit Seelen schreiben kannst, die auf dieser Ebene in menschlicher Zeit schon lange weilen, weil es die Zeit hier nicht gibt.«

Zuerst wollte ich aber noch einmal mit Doris sprechen. Als der Kontakt zustande kam, hatte ich beim Schreiben ein ganz anderes Gefühl. Es war so, als würde sie von weit her mit mir sprechen. Ihre Verzweiflung war in keinster Weise mehr spürbar.

Doris?

»Liebe Hannah, du möchtest dich von mir verabschieden. Liebe Hannah, du hast mir sehr geholfen. Ich bin dort, wo ich Liebe erfahren darf. Du hast mir geholfen, in dem du mich hast erkennen lassen, was ich für mein Weiterkommen sehen musste.«

Was ist passiert, Doris? Wurdest du abgeholt?
Die Antwort kam zögerlich.

»Es ist gut. Liebe Hannah, ich darf wohl nicht darüber sprechen. Lass dir von mir gesagt sein, dass ich weitergegangen bin und hier Liebe und Geborgenheit erfahre. Danke dir und alles Gute für dich.«

Jeder Fall war einzigartig. Das Hinführen zur Befreiung aus der Ebene zwischen Erde und Himmel, das Weiterschicken gelang mir einmal leichter, einmal war es schwieriger. Es gab keine »Formel« für das, was die Seele sagen musste, um ihren Weg fortzusetzen. Aber jeder Seele wurde geholfen, wenn sie gelernt hatte, zu bitten. Dabei ging es um keinen Gott, der gebeten werden musste, keine Heilige, keinen Engel, keine Religion. Es ging einfach nur um den Glauben, dass es noch etwas anderes gibt als nur diese nebelige Welt zwischen Himmel und Erde. Niemand richtete die Seelen, niemand fügte ihnen Schmerz zu. Es gab Hoffnung für jede Einzelne von ihnen. Das Unbegreifliche war und ist, dass der Faktor »Zeit« dabei wieder keine Rolle spielte und Seelen genauso »schnell« weitergeschickt werden konnten, die sich erst vor kurzem das Leben nahmen, wie auch Seelen, die ihren menschlichen Tod schon vor langer irdischer Zeit vollstreckt hatten. Manchmal kam die Abholung sehr überraschend, wenn für mich noch Fragen im Raum standen. Es konnte sein, dass sie mitten während eines geschriebenen Wortes kam. Der Stift stand und bei weiterem Nachfragen kam eine Mitteilung meiner geistigen Führung, die mir den Fortgang der Seele bestätigte.

Ich weiß nicht, wie es »im Himmel«, oder wie auch immer man den Raum benennen mag, der nach dieser Zwischenwelt für diese Seelen wartet, aussieht. Kontaktaufnahmen mit Seelen, die von mir weitergeschickt wurden, waren manchmal kurz möglich. Es waren Äußerungen des Dankes und des Glücks. Aber keine Seele konnte oder durfte mir eine so genaue oder überhaupt eine Beschreibung des neuen Zuhauses geben. Der Himmel ist uns Menschen noch verschlossen. Die Welt aber bis dahin, und die beinhaltet auch die Welt zwischen Himmel und Erde, die darf uns zugänglich sein. Wir dürfen und sollen diesen Seelen weiterhelfen.

Die bisherigen Erzählungen der Seelen waren teilweise sehr erschütternd. Die Abholung aber erlöste die Seelen von ihrer Traurigkeit und Verwirrtheit. Sie befinden sich nun in der Liebe und im Glück.

Ich möchte nun noch von weiteren Abholungen berichten. Bei jeder Seele durfte ich Freude empfinden, als der Kontakt abbrach und Ruhe und Frieden den Raum erfüllten. Ich hoffe, dem Leser etwas von diesem Frieden mitfühlen lassen zu können.

Martin

»Ja, ich habe an den ewigen Frieden geglaubt, an die Liebe im Himmel.«

Aber, Martin, du wirst auch im Himmel geliebt.

»Ich werde geliebt? Von wem?«

Wenn du an Engel glaubst, warum bittest du sie nicht einfach, dass sie zu dir kommen, dich abholen?

»Ich soll sie bitten, mich abzuholen?«

Ja.

»Ich glaube an die Engel und das ganze himmlische …«
Martin? Martin, bist du noch da?

»Du hast es geschafft. Martin wurde geholt. Es war für dich einfach, weil Martin glaubte.«

Wenn er doch glaubte, warum war dann meine Unterstützung überhaupt notwendig?

»Deine Hilfe war notwendig, um ihn auf das Gebet aufmerksam zu machen. Er konnte es alleine nicht formulieren, weil er sich selbst richtete und seine Seele nicht frei war, um diesen Wunsch, diesen Gedanken und das Gebet zu sprechen. Mit deiner Hilfe wurde es ihm gewährt.«

Brigitte

Und jetzt – worauf wartest du oder gibt es etwas, worauf du wartest?

»Ich warte. Ja, ich warte, dass ich eine Chance bekomme, meinen Fehler wiedergutzumachen. Wenn ich könnte, würde ich gerne mit diesem Wissen wieder auf die Erde kommen.«

Auf die Erde. Und der Himmel? Würdest du auch lieber weiter in den Himmel gehen?

»Was auch immer die Lösung ist oder wäre. Ja, ich würde auch in den Himmel gehen. Gerne, wenn mir Gott die Möglichkeit gibt, wenn Gott mir verzeiht. Ich glaube an Gott …«

Brigitte?

Stillstand.

»Danke für deine Hilfe. Du hast ihr geholfen.«

Franz

Ist das der Himmel, wo du bist?

»Himmel? Ob das der Himmel ist? Der besungene Himmel? Ich kenne ihn jedenfalls nur so als einen Ort des Friedens, der Ruhe.«

Das Paradies?

»Nein. Das Paradies ist es nicht. Ich sehe auch keine Engel, nein. Aber der himmlische Friede, der ist da.«

Hast du dir das auch so erwartet?

»Erwartet habe ich mir …«

Franz? Ist diese Frage vielleicht nicht richtig gestellt?

»Du bist gut. Du spürst mein Zögern. Das ist eine Frage, die so nicht geht. Vielleicht weil es kein Wenn und Aber hier gibt. Es gibt keine Gefühle der Einbildung, der Vorstellung mehr. Alles ist so, wie es ist.«

Und Gott?

»Gott, der liebe Gott. Mein Gott, hast du mich verlassen? All diese Worte. Ich kenne hier keinen Gott, aber es wäre schön, wenn es einen Gott gäbe, der mich hier holt …«

Franz?

Stillstand.

»Franz ist bei den Seinen. Es kam für dich überraschend. Freue dich für ihn.«

Erich

Glaubst du an Gott?

»Ob ich an Gott glaube? Ja, ich glaubte an Gott, als ich lebte, und hoffte auf Seine Barmherzigkeit. Aber ich bekam sie nicht. Ich glaube an Gott, weil ich darum bitte …«

»Du konntest Erich weiterschicken. Er formulierte von sich aus die Bitte, zu Gott zu kommen. Er ist vereint in himmlischen Gefilden mit all jenen, die vor ihm gegangen sind. Erich freut sich und ist dir sehr, sehr dankbar.«

Walter

Ich werde jetzt versuchen, dich weiterzuschicken.
»Wie willst du das tun?«
Du glaubst an Gott?
»Ja, ich glaube an Gott.«
Dann kannst du Gott auch darum bitten, dich abzuholen und zu erlösen.
»Bitten? Ich soll Gott bitten? Ja gut, dann versuche ich Gott darum zu bitten, dass er mir verzeiht. Das, was ich getan habe, war nicht in Gottes Sinne. Lieber Gott, ich will und bitte, dass du mich in dein Reich …«
»Liebe Seele! Ja, du hast Walter in den Himmel geleitet. Es ist gut. Du kannst dich jetzt ausruhen. Er ist jetzt dort, wo er in Liebe gehalten wird. Er bedankt sich bei dir.«
»Liebe Hannah, ich bin fassungslos und glücklich. Du bist ein Werkzeug Gottes. Ich danke dir.«

Josef

Josef, du kannst, wenn du willst, darum bitten, in den Himmel weiterzugehen.
»Liebe Hannah, verstehe ich richtig? Ich soll, wenn ich will, darum bitten, ob ich weitergehen kann? Ich kann das aber nicht alleine. Ich komme von hier, wo ich jetzt bin, nicht weg.«
Dann bitte darum, dass jemand kommt, um dich abzuholen.

»Ja, ich bitte gerne darum, dass mich jemand Liebenswerter von hier wegholt. Ich bitte …«

Josef?

»Josef wurde abgeholt.«

R a i m u n d

An was glaubst du jetzt?

»An was ich jetzt glaube? Das ist eine Frage! Ich bin hier und warte.«

Auf was wartest du?

»Ja, dass ich von hier wegkomme. Auf diese schönere Zeit, auf ein neues Irgendwohin, was schöner ist.«

Wirst du dort auch alleine sein?

»Nein, nein. Dort werden wohl alle auf mich warten, die schon richtig gestorben sind. Dann treffen wir uns wieder und reden und lachen.«

Möchtest du das den Himmel nennen?

»Ob ich das den Himmel nennen möchte? O ja, warum nicht.«

Das heißt, du willst in den Himmel kommen.

»Ich will natürlich in den Himmel kommen.«

Dann bitte darum, dass du in den Himmel kommst.

»Du sagst, ich soll bitten, in den Himmel zu kommen? So einfach?«

Ja.

»Ja, wenn du meinst. Gut, dann bitte ich darum, in den Himmel zu kommen. Ich …«

Stillstand.

Raimund, bist du noch da?

»Raimund ging weiter. Er ist dort, wo er sich zu Hause fühlt.«

Paul

»Ich bin in keinem Himmel, das kann ich dir sagen.«

Du kannst aber darum bitten, in den Himmel zu gehen.

»Du willst, dass ich bitte? Wen soll ich bitten? Einen nicht vorhandenen Gott?«

Aber du glaubtest doch an die Ruhe, an die ewige Ruhe. Bitte doch einfach darum.

»Du willst, dass ich um meine Ruhe bitte? Wie soll das funktionieren?«

Du willst doch deine Ruhe haben.

»Ja, ich will meine ewige Ruhe. Ich will tot sein.«

Dann bitte darum.

»Du bist komisch. Ich soll darum bitten, tot zu sein?«

Ja, wenn du das willst.

»Ja, das will ich. Willst du mich nicht reinlegen?«

Nein.

»Ich, Paul, will die ewige Ruhe …«

Paul?

»Du brauchst nicht mehr nach Paul zu fragen. Das Gespräch hast du geführt, um ihn ins Licht zu führen. Er ist angekommen.«

Herbert

»Der Ort, wohin wir Menschen kommen, wenn wir den Mut haben, bis zum eigenen Ende abzuwarten, dürfte doch noch um einiges schöner sein als hier. Aber es geht mir gut. Tun würde ich es aber nicht mehr.«

Versuche darum zu bitten, zu diesem Ort zu gehen. Du kannst diese Bitte selbst formulieren.

»Was du sagst. Ich soll bitten, dorthin zu gehen, wo mein eigentlicher Platz gewesen wäre? Ja, wen soll ich bitten?«

Den, an den du glaubst und wenn es der Himmel selbst ist.
»Das funktioniert? Ja ...«

»Du hast ihn weiterführen können. Die Anwesenheit hoher geistiger Helfer war für dich spürbar.«

Friedrich
Nimmst du Gott wahr?
»Ich spüre Gott nicht. Ich weiß, dass ich hier büße, dass ich in Warteposition bin.«
Du musst Gott bitten, dass er dich hier erlöst und dir erlaubt in den Himmel zu gehen.
»Gott bitten? Gut, das konnte ich bisher nicht tun.«
Warum nicht?
»Warum nicht? Weil mir das versagt wurde. Ich durfte nicht bitten, weil ich dafür büßen musste. Ich muss meine Strafe, wenn du so willst, hier absitzen.«
Du kannst aber jetzt bitten.
»Ich darf bitten. Gut, dann bitte ich Gott, dass ich in den Himmel komme. Ich möchte ...«
Friedrich, bist du noch da?
Stillstand.
»Du hast Friedrich weitergeschickt. Er ist erlöst. Er freut sich.«

Gerhard
Möchtest du denn aus dieser Nebelsuppe herausgehen?
»Ja, habe ich denn die Möglichkeit, woanders hinzugehen?«
Möchtest du dich nicht mit anderen Seelen austauschen, die du als Mensch gekannt hast und die vor dir gestorben sind?
»Austausch mit anderen? Ja, wenn es möglich ist, sich

mit anderen zu unterhalten, auszutauschen, würde ich es natürlich wollen. Aber ist denn das möglich?«

Ja. Glaubst du denn an einen »höheren Himmel«?

»An einen ›höheren Himmel‹ glauben? Nun ja, auf Erden glaubte ich nicht daran. Nur an den ewigen Frieden, den ich hier ja auch habe.«

Du kannst, wenn du willst, bitten, zu den Seelen zu gehen, die vor dir aus dem Leben geschieden sind.

»Bitten, zu anderen Menschenseelen zu gehen? Ja, wie soll ich das denn formulieren?«

Ist es auch wirklich dein Wunsch?

»Ja, ja, ich wünsche es mir schon, und gut, dann möchte ich darum bitten, diese verstorbenen Seelen, also Menschen, die ich gekannt habe, wiederzusehen, zu ihnen zu gehen.«

Glaubst du an Gott? Wenn ja, dann musst du diese Bitte an Gott richten.

»Ob ich an Gott glaube? Wenn Gott die Ruhe ist, die ewige Ruhe. Ja gut, dann bitte ich Gott …«

»Gerhard ist bei uns und freut sich über die himmlische Gerechtigkeit und Liebe.«

Alice

Willst du Gott nicht bitten, dich zu ihm und zu deinem Sohn zu bringen?

»Ob ich Gott bitten kann, zu ihm und zu meinem Sohn zu kommen? Wie soll ich die Bitte stellen, wenn ich nicht daran glaube?«

Kannst du an deine Erlösung glauben?

»Ob ich an Erlösung glaube? Wenn es sie gäbe, dann wäre ich doch schon erlöst nach all den Jahren auf Erden.«

Glaubst du an die Mutter Gottes?

»Ob ich an die Mutter Gottes glaube? Du meinst, weil ich so engelhaft aussah, muss ich auch an die Mutter Gottes glauben? Nun ja, sie kann das Herz der Menschen öffnen, und sie war mir wichtig.«

Dann bitte sie, dass sie dich aufnimmt und erlöst.

»Ich soll Mutter Gottes bitten, mich mitzunehmen? Darf ich das?«

Ja, das darfst du.

»Ich wünsche mir durch Maria, die Mutter Gottes, Ruhe zu finden und dorthin zu kommen, wo mein Sohn weilt. Du liebe, liebe Mutter Gottes, bitte nimm mich in dein Reich …«

»Liebe Seele, Alice durfte weitergehen. Du hast sie dorthin gebracht, wo ihre Seele glücklich sein darf. Sie kann ihren Sohn sehen. Sie lacht und freut sich. Lass dir von ihr sagen:«

»Du lieber Mensch, du liebe Frau. Danke, danke …«

Jane

Als du Mensch warst, konntest du an einen Himmel glauben?

»Als ich Mensch war, glaubte ich zuletzt an einen Himmel der stürmischen Liebe, in bunten Farben, an alles Schöne, was es bei uns nicht gab. Ja, an das glaubte ich. Das war mein Glauben an diesen einen Himmel. Dorthin wollte ich.«

Jane, du kannst deinen Wunsch jetzt selbst in Worte fassen. Du kannst darum bitten, zu diesem Ort deiner Sehnsucht zu gehen.

»Wie, ich soll fragen, ob ich dorthin kommen kann? Ja glaubst du denn, dass es wirklich so einen Ort gibt?«

Ich weiß es auch nicht. Ich weiß nur, dass du abgeholt wirst, wenn du darum bittest.

»Ja, dann bitte ich, dass ich zu diesem Ort komme, in diesen Himmel, d...«

Jane?

»Du konntest Janes Weg begleiten. Sie ist jetzt glücklich.«

Michael Leopold Enk von der Burg

Kannst du jetzt eigentlich auch um Gottes Gnade beten?

»Ob ich bete, um Gott nahe zu sein? Wie soll ich das hier tun? Es ist alles hier Gebet.«

Du kannst durch mich Worte formulieren. Du kannst Gott um Gnade bitten.

»Ich soll hier um Gnade bitten? Ja, es stimmt. Ich kann durch dich wieder sprechen. Das ist wahr. Also kann ich durch dich auch wieder richtig beten. So bete ich zu Gott dem Allmächtigen, zu Jesus Christus, zu den Engeln und Erzengeln um das Wohlergehen der Menschen, um das Wohl der armen Seelen ...«

»Du konntest die Anwesenheit hoher Energien spüren. Ja, du hast diese Seele ins Licht geführt.«

Ferdinand Raimund

Was ist für dich der Himmel?

»Der Himmel. Nun, ich weiß nicht, was der Himmel ist, aber nachdem ich gefühlt bekommen habe, dass ich noch nicht dort bin, wird es so eine Welt auch geben.«

Würdest du gerne dorthin gehen?

»Nun ja, wir stellen uns das schön vor, nicht wahr? Ich kann nur sagen, ich bin hier auch zufrieden. Aber wenn es eine Möglichkeit gäbe, in den schönen Himmel unseres lieben Gottes zu kommen, ja.«

Du kannst diese Bitte stellen. Du hast dann die Möglichkeit, in den Himmel zu gehen.

»Du meinst, ich kann diesen Wunsch, meine Bitte danach stellen? Gut, ich sehe, du freust dich, wenn ich es tue. Wir wissen beide nicht, ob es funktioniert. Ja, nun dann bitte ich, dass ich in den Himmel des Gottes ...«

Ferdinand?

»Du hast Ferdinand weitergeführt. Er ist nun in einer Welt, wo er nicht nur Frieden empfinden darf, sondern auch das Glück, das ihm zuletzt nicht zuteilwurde.«

Otto Weininger

Ist denn Liebe und Geborgenheit für dich so absurd?

»Ja, natürlich ist Geborgenheit etwas Gutes, etwas Schönes.«

Willst du das nicht erfahren? Du kannst es erreichen. Versuche einfach, darum zu bitten.

»Du bist ja wirklich eine eigenartige Frau. Du willst mir jetzt einreden, ich kann das Gute und Schöne erfahren, wenn ich darum bitte?«

Ja. Würde es dir denn so weh tun, solche Worte auszusprechen?

»Nein, es tut mir nicht weh, wenn ich es tue. Ich sehe, dass du das ernst meinst und mich nicht ...«

Otto? Bist du noch da?

»Ja. Ich überlege, ob ich es tue. Wen soll ich bitten?«

Sag es einfach. Bitte um deine Erlösung und um die Geborgenheit, die dir zusteht.

»Einfach sagen, die Bitte, die Bitte …«

»Du hast Otto Weininger zu uns geführt. Wenn du fragst, ob er seine Einstellungen ändern kann, so geht es erst um die Erlösung seiner Seele. Dann ist er frei und lernt.«

Jack London

Hat dieses Wesen etwas zu dir gesagt?

»Nur, dass ich hier bleiben soll, bis ich erlöst werde.«

Hat es dir gesagt, wann das sein soll?

»Nein, es hat nicht gesagt, wann dieses Ereignis stattfinden soll, noch von wem ich erlöst werden soll.«

Jack, du kannst jetzt Worte formulieren. Du kannst dadurch um deine Erlösung bitten.

»Du meinst, ich kann jetzt bitten um die Erlösung? Ja, ich kann wie reden. Das ist wahr. Also, dann ja, dann möchte ich diese Bitte, diese meine Sehnsucht auch ausformulieren. Bitte, nehmt mich auf, lasst mich nicht mehr alleine. Nehmt mich auf in den Himmel, in die Liebe Gottes …«

»Jack London ist heimgekehrt. Er dankt dir. Er ist auf einer Ebene der Liebe und sagt dir:«

»Liebe Hannah. Ja, ich bin zu Hause. Ich bin hier wirklich daheim. Das Gefühl von Freude und Liebe durchfuhr mich wie ein Blitz, und ich danke dir dafür, dass du dir die Mühe gemacht hast, mit mir zu reden. Gott beschütze dich.«

Stefan Zweig

Wann hast du diese Rückschau erlebt? Unmittelbar nach deinem Tod?

»Wann das geschah? Ich kann dir den Zeitpunkt nicht nennen, aber es war eine … Ja, es war ein Zustand voller …«

Pause.

Stefan Zweig?

»Mir fehlen die Worte. Ich kann das nicht ausdrücken.«

Du wolltest deine Reue (die Stefan Zweig zuvor immer wieder erwähnte) *zum Ausdruck bringen. Sprich einfach aus, was du sagen möchtest.*

»Ja, ja. Ich bereue es. Ich würde Gott sagen, dass er mir verzeihen soll für meine Ungeduld. Ich wollte in dieser Welt nicht mehr sein, Nachrichten des Schreckens hören. Ich wollte dem allen entfliehen. Ich hätte das nicht tun sollen, und bitte Gott um Verzeihung für das, was ich mir und auch meiner Frau angetan habe. Ich bitte Gott um Aufnahme …«

»Du hast Stefan Zweig ins Himmelreich geführt.«

Charlotte Altmann

Woran glaubst du, Charlotte?

»Ich glaube an den Himmel, doch. Aber warum lässt man mich so lange hier hängen? Ich will doch in den Himmel. Ich war auch ein guter Mensch.«

Versuche, eine Bitte zu stellen. Bitte, in den Himmel zu gehen.

»Bitten? An wen soll ich mich richten?«

An den du glaubst.

»Ich glaube an Gott, an …«

Charlotte?

Stillstand.

»Du kannst beruhigt sein. Charlotte ist eingegangen in das Himmelreich.«

Lobsang

»Ja, wir glauben an den Bardo. Im Bardo erwarten mich Prüfungen, für die ich vorbereitet bin, um dann Wiedereintritt in ein neues Leben zu haben.«

Du möchtest in den Bardo eintreten.

»Ja, ich möchte in den Bardo eintreten.«

Bitte doch darum, dass du in den Bardo eintreten kannst.

»Du möchtest, dass ich bitte, in den Bardo einzutreten?«

An wen wendest du dich, wenn du betest?

»An wen ich mich bei Gebeten wende? Wir haben viele Gottheiten, Buddha, Dakini … Ich möchte meine Gebete aber für mich an meinen allerhöchsten Buddha richten, Buddha Amithaba …«

Stillstand.

»Liebe Seele! Dieses Gespräch verlief für dich anders als bisher, aber du hast die Arbeit gut gemacht. Lobsang ist in seinen Bereich eingegangen.«

Wo ist er jetzt?

»Wenn du fragst, wo er ist, so können wir dir sagen, dass er sich Prüfungen gewünscht hat, um wieder in ein neues Leben zu gehen. Er erkennt, dass es auch Liebe gibt und nicht nur Prüfungen. Du kannst mit Lobsang reden.«

»Liebe Frau der Erde! Ich bin plötzlich weg gewesen. Ich weiß nicht, wo ich jetzt bin, aber alles ist so hell und so freundlich. Um mich sind liebevolle Wesen, die bei mir sind. Es ist schön hier.«

Ist das der Beginn des Bardo?

»Ob das der Beginn des Bardo ist? Das hier ist Liebe …«

Gyatso

»Ja, ich möchte in ein neues Leben gehen.«

Gyatso, du kannst jetzt darum bitten.

»Ich kann bitten, in ein neues Leben zu gehen? Wie absurd, liebe Frau, was du da von mir verlangst! Bitten, beten … Mein Leben bestand aus Gebet. Niemand muss mir sagen, dass ich zu beten habe.«

Das weiß ich schon. Aber wenn du es jetzt tust, wird es unmittelbare Auswirkungen haben.

»Ich soll jetzt beten? Jetzt, wo ich bereits in einem Zustand bin, der mich ins Sein gebracht hat?«

Ja. Du kannst deine Gebete jetzt für dich sprechen.

»Ich soll meine Gebete für mich sprechen? Du bist eine eigenartige Frau. Ich kann beten? Ja, ich kann beten, und ich stelle meine …«

»Gyatso wurde aufgenommen. Er ist weitergegangen und freut sich.«

Tenzin

Wenn du dich noch als tibetischer Mönch fühlst, hast du dann nicht das Bedürfnis zu beten?

»Ob ich das Bedürfnis habe zu beten? Mein Leben war Gebet, und das bin ich jetzt auch. Es gibt hier keine Zeit. Es ist einfach ein Sein. Liebe Hannah, ich kann nicht Handlungen, die ich auf der Erde getätigt habe, hier weiterführen.«

Würdest du denn das gerne?

»Ob ich es gerne würde? Diese Frage stellt sich hier nicht.«

Du wirst mir wahrscheinlich keinen Glauben schenken, aber du kannst jetzt beten. Bete für dich, für dein Weitergehen.

»Was? Ich soll jetzt beten, dass ich in ein neues Leben eintrete? Du willst, dass ich jetzt bete? Du, Hannah, wie stellst du dir das vor? Du Mensch, du …«

Tenzin?

»Du kannst das Gespräch beenden. Tenzin ist im Frieden.«

Norbu

Wenn du auf Erden gebetet hast, an wen hast du deine Gebete gerichtet?

»Das ist eine Frage für einen tibetischen Mönch! Ich wende mich in meinen Gebeten an Buddha und seine Manifestationen. Es gibt viele Möglichkeiten, viele Gottheiten.«

Du kannst jetzt auch für dein Weitergehen beten.

»Ich soll jetzt beten für mein Weitergehen? Das geht?«

Ja.

»Ja, es geht …«

Norbu?

Stillstand.

Ich fragte die geistige Welt, ob Norbu in den Bardo weitergegangen ist.

»Du willst wissen, ob Norbu den Bardo betreten hat. Er ist weitergegangen auf eine Ebene, die ihm erlaubt, sich zu freuen.«

Norbu meldete sich selbst noch einmal mit folgenden Worten:

»Ja. Ich bin weitergegangen. Es war hell, es war …«

Das Gespräch wurde unterbrochen und ich musste mich mit folgendem Hinweis der geistigen Welt zufriedengeben:

»Es ist gut. Norbu ist in einem glücklichen Zustand.«

Tsultrim
Betest du hier weiter?
»Nein, aber das braucht es jetzt auch nicht. Es braucht
hier keine Worte, verstehst du?«
*Aber wenn du es tun würdest, so könntest du dich selbst
in die Erlösung oder in eine weitere Wiedergeburt führen.*
»Weiter beten? Für mein eigenes Weiterkommen? Das
ist nicht möglich. Mein Leben wurde gelebt. Es geht jetzt
um die nächsten Schritte der neuerlichen Inkarnation.«
*Warum bittest du dann nicht um das Einleiten dieser
nächsten Schritte?*
»Was? Ich soll um diesen Schritt bitten? Das ist doch
nicht möglich. Es braucht dich nicht dazu, das einzu-
leiten.«
*Ich sag auch nicht, dass es mich dazu braucht. Du selbst
kannst aber darum bitten.*
»Ich bitte um den nächsten Schritt, um mein weiteres
Fortbest…«
»Tsultrim konnte weitergehen. Es ist gut. Es ist für
dich nicht so einfach, in deiner Argumentation zu
bleiben. Aber es gelingt dir auch. Sei gesegnet für
deine Arbeit.«

Sangpo
Kannst du hier auch beten?
»Ob ich hier bete? Liebes Kind, das Beten war mein
Leben, und das strahle ich auch hier aus. Aber ich kann
keine Mantras rezitieren ohne Worte, ohne Stimme. Ich

163

kann mit dir als Mensch reden, aber nicht als Seele. Da ist nur das, was ich bin, das Wesen, das in Duldsamkeit auf ihr Weitergehen wartet in Liebe zu Buddha.«

Es erfolgte eine kurze Pause.

Sangpo? Bist du noch da? Meinst du Buddha Amithaba?

»Ja, ich bin da. Buddha Amithaba. Ja, du kennst seinen Namen, aber nicht genau seine Bedeutung, nicht wahr? Nun, ich werde dich jetzt nicht in tibetischem Buddhismus schulen, aber glaube mir: Für uns ist Buddha Amithaba die größte Liebe, das Licht, in das wir gehen.«

Und jetzt bittest du auch zu Buddha Amithaba?

»Ja, natürlich bitte ich, zu Buddha Amithaba zu gehen, ihm zu entsprechen …«

Sangpo?

»Es ist gut. Du hast Sangpo weise weitergeführt, in Respekt und Interesse vor seinem Glauben.«

Was geschah mit Sangpo? Wo ist er jetzt? Ist er jetzt im Bardo?

»Was mit Sangpo weiter geschieht, wirst du in Liebe erfahren, wenn du selbst durch unser Tor der Liebe und Freude schreiten wirst. Bis dahin gedulde dich und arbeite weiter in Liebe.«

14. Grenzen des Arbeitens und Beweisführung

Ich war in einer sehr faszinierenden Welt unterwegs und wollte natürlich auch wissen, wie weit ich in diesen Bereich vordringen darf.

Die Grenzen des Arbeitens wurden mir gesetzt. Das, was ich erfahren durfte, schrieb ich bis zu dem Moment des plötzlichen Weggleitens der Seele in rasanter Geschwindigkeit nieder. Alles, was »danach« kam, möchte ich nicht veröffentlichen. Ich kann zwar den Kontakt zu mir bekannten Seelen, die weitergegangen sind, noch herstellen. Thomas versuchte ich zum Beispiel nach seinem Hinübergehen zu erreichen, um »mehr« zu erfahren. Wo ist er jetzt? Wie geht es ihm? Wie sieht es dort aus, wo er sich jetzt befindet?

Seine Antworten waren mir größtenteils zu »schwammig«. Es waren nicht mehr detaillierte Beschreibungen seines Zustands. Er vermittelte mir immer wieder seine Freude, er sprach von der Liebe, die um ihn ist, der friedvollen Umgebung und der Aufarbeitung seines Lebens, die nun aber in Eintracht und Liebe geschieht. Eine nähere Erklärung war nicht möglich und sei mit menschlichen Worten auch nicht auszudrücken. Seine Antworten auf meine Fragen hinterließen in mir jedoch ein sehr beruhigendes und freudiges Gefühl. Jegliche Anspannung und Traurigkeit waren gewichen. Ich muss mich damit zufriedengeben. Das ist die Grenze, bis zu der ich gehen kann.

Eine andere Grenze des Schreibens war, mit welchen Seelen ich überhaupt schreiben »darf«. Ich hatte die meisten von ihnen nicht persönlich als Mensch kennengelernt. Was hatten sie für Charaktere? Es war mir wichtig, immer auch ein wenig von dem Menschen »davor« etwas zu wissen. Die Untiefen aber eines jeden, wer kennt sie schon? Bevor ich in ein geistiges Gespräch mit der Seele ging, fragte ich daher immer meinen geistigen Helfer, ob es mir überhaupt erlaubt sei, mit dieser Seele Kontakt aufzunehmen. Und ja, es gab Fälle, wo mir die Kontaktaufnahme verweigert wurde.

In dem einen Fall erfuhr ich, dass die Seele bereits Befreiung erlangt hatte und weitergegangen war. Über die näheren Umstände bekam ich keine Auskunft.

In drei weiteren Fällen wurde mir ein so beklemmendes Gefühl vermittelt, dass für mich die Klarheit bestand, »zu folgen« und keinen Versuch einer Verbindung herzustellen. Es ging um Seelen, die als Mensch viel Unheil angestiftet und nicht nur sich selbst getötet hatten. Ich weiß nicht, was mit diesen Seelen geschieht und wo diese sich befinden. Es war für mich aber absolut spürbar, dass ich deren weiteren Verlauf nicht weiter verfolgen darf. Ich bekam von meinem geistigen Helfer gesagt, »nicht mit dem Feuer zu spielen« und »nur mit Seelen zu kommunizieren, die sich aus Unwissenheit und Verzweiflung selbst das Leben nahmen. Es sei Arbeit genug.«

Die Beweisführung ist eine andere Thematik. Woher kann ich wissen, ob die geschriebenen Worte nicht meiner eigenen Fantasie entstammten? Das ist natürlich eine berechtigte Frage.

Nun, nachdem ich mich selbst als eine vielbeschäftigte Frau ansehe, die sich ihre Zeit genau einteilen muss, um auch »geistige Arbeit« verrichten zu können, kann ich als Argument vorbringen, dass ich »keine Stimmen von Seelen« im Alltag höre, weder unter Halluzinationen noch unter anderen Wahrnehmungsstörungen leide. Wenn ich mit einer Seele in Kontakt trete, brauche ich absolute Ruhe und Konzentration. Der Stift gleitet in einer Geschwindigkeit über die Seiten, mit der es mir sonst nicht möglich wäre, einen neuen Text zu schreiben. Muss ich zum Beispiel einen Brief verfassen, brüte ich oft lange über den Zeilen. Das Schreiben mit den Seelen geht dagegen mit Leichtigkeit voran, das Schriftbild ist, wie bereits erwähnt, harmonisch, das Handgelenk bleibt unverkrampft auch nach mehreren Seiten des Schreibens.

Trotzdem: Kann man beweisen, dass es die Seele ist, mit der man auch wirklich schreiben möchte? Kann es nicht auch irgendwer anderer sein? Es bleibt ein Rest des Zweifels.

Andererseits muss ich festhalten, dass die Kommunikation mit einer Seele nicht möglich wäre, wenn nicht von Anfang an ein Grundvertrauen besteht. Das ist auch die eigentliche Voraussetzung des Arbeitens mit der geistigen Welt.

Zu Beginn des Schreibens mit T h o m a s stellte ich ihm zu dieser Thematik folgende Frage:

Gibt es nicht irgendeinen direkten Beweis, damit ich wirklich weiß, dass du es bist?

»Liebe Hannah, die Frage nach einem direkten Beweis meiner selbst – wie sollen wir das machen? Ich kann dich beschreiben, wie du bist und wie ich dich aus der Arbeit kenne, aber ich kann keine Gegenstände fliegen lassen oder sonstigen Unsinn. Du bist eine Frau, die …«

Es folgte in schriftlicher Windeseile eine ausführliche Beschreibung meiner Person, so wie Thomas mich sah. Ich schmunzelte während des Schreibens. Ja, ich konnte mich mit dem Bild, das er von mir hatte, identifizieren!

Manchmal waren es auch seine Wortwahl und bestimmte emotionale Äußerungen, die mich an seine Ausdrucksweise auf Erden erinnerten.

Ich kannte meinen Großvater, der sich auch das Leben genommen hatte, nicht. Er starb, bevor ich auf die Welt kam. Ich konnte nicht wissen, wie er sich einst verbal ausgedrückt hatte. Ich ließ die Seiten, die ich mit ihm bis zu seinem Weitergehen schrieb, seinen Töchtern, das heißt meiner Mutter und meiner Tante, lesen. Bereits die Anrede als auch bestimmte Aussagen von ihm wurden von beiden als »seine« Worte entlarvt: »Liebe Hannah, liebe Enkeltochter!« und »Liebe Astrid, liebe Christa, liebste Töchter!« waren seine doppelten Anredeformen, Letzteres auf meine Frage, ob er denn meiner Mutter und meiner Tante gerne etwas ausrichten möchte. Ich wusste nicht, dass diese Form der Anrede bereits zu seinen Lebzeiten seine Sprache war.

Als abschließende Begebenheit, um Vertrauen in die Beweisführung aufzubauen, möchte ich gerne folgende Geschichte erzählen, die sich so zugetragen hat:

Der »Ausseer Opa« einer lieben Freundin von mir, der »nicht auf das Sterben warten wollte« und sich vor vielen Jahren das Leben nahm, wurde von mir »in den Himmel«, wie er es nannte, weitergeschickt. Bevor ich mich zur Kontaktaufnahme mit ihm entschloss, telefonierte ich mit meiner Freundin, um mich nochmals nach seinem genauen Namen zu erkundigen. Ich sagte ihr nicht, dass ich gleich vor hätte, mit ihm zu schreiben. Ich erinnere mich, dass ich davor auf die Uhr blickte und mir dachte, dass sich das Schreiben noch gut ausgehen könnte, bevor mich »irdische Pflichten« wieder in ihre Gewalt nahmen. Ich schrieb mit seiner Seele bis zu seinem Weggehen.

Abends rief mich meine Freundin an und fragte, ob ich schon mit ihrem Opa geschrieben hätte. Sie fragte nach der genauen Uhrzeit, die ich ihr ganz exakt sagen konnte. Nun, genau um diese Zeit fiel in einem Zimmer, in dem sie sich gerade nicht aufhielt, eine Glaskugel vom Regal auf den Fußboden und zerbrach. Es gab keinen Anlass dafür. Die Fenster waren geschlossen, es waren keine Erschütterungen in der Wohnung, und meine Freundin befand sich, wie gesagt, im Nebenraum. Sie blickte nach der Uhrzeit und dachte an ihren Opa, der immer für Schabernack zu haben war. Ja, meinte sie, dass würde ihm ähnlich sehen, so auf sich aufmerksam zu machen. Sie nahm die Reste der Glaskugel und legte sie in einen Blumentopf. Die darin gepflanzte Rose, im November eigentlich für den Winterschlaf vorbereitet, begann zu blühen und blühte noch lange über ihre normale Zeit hinaus bis in den Januar.

15. Aussagen von meinem geistigen Helfer über den Freitod und den freien Willen des Menschen

Mein geistiger Helfer ist eine aufgestiegene Seele, die nicht müde wird, mir meine vielen, vielen Fragen zu beantworten. Er nennt mich nie bei meinem Namen, sondern bezeichnet mich stets als »liebe Freundin«. Ich möchte einige seiner Antworten hier veröffentlichen. Sie stehen im Zusammenhang mit dem Inhalt dieses Buchs und wurden von mir größtenteils zu einem Zeitpunkt gestellt, als ich noch keine Vorstellung davon hatte, dass ich mich selbst einmal mit Seelen nach ihrem irdischen Freitod austauschen würde.

31.5.2010

Was passiert im Himmel mit Selbstmördern?

»Liebe Freundin, deine Frage ist die derjenigen Personen, die beschlossen haben, ihr Leben selbst zu beenden. Diese Seelen sind arm. Sie sind nach ihrer Ankunft im Himmel nicht zufrieden, weil sie an einem Ort gelandet sind, der sie nicht glücklicher macht als auf Erden. Sie können ihre Probleme nicht durch Selbstmord lösen. Sie sind arm, weil sie im Himmel länger brauchen, um sich zu erholen und weiter zu lernen. Sie können nicht gleich von allen Seelen willkommen geheißen werden, weil sie noch nicht willkommen sind, wenn sie in den Himmel eintreten. Sie kommen auf eine Ebene der unteren Stufe des Himmels, in der sie erst Schritt für Schritt erfahren müssen, wie sie lernen können. Sie sind nicht alleine gelassen, aber sie sind nicht mit der Liebe umgeben, die sie sonst von uns erhalten hätten.«

Können sie aufsteigen?

»Ja, sie haben die Möglichkeit, weiterzugehen und zu lernen, was sie lernen müssen. Wir begleiten sie dabei, aber der Weg ist ein langsamer und nicht so freudvoll, wie derjenige von den Seelen, die geplant aus dem irdischen Leben schieden.«

Die Motive für einen Selbstmord sind doch ganz unterschiedlich. Wenn jemand schwerkrank ist, keinen Ausweg mehr sieht, nicht mehr leiden möchte und sein Leben selbst beendet, ist das denn wirklich so schlimm?

»Du möchtest von mir wissen, ob Selbstmörder nicht differenziert werden. Es gibt Gründe für euch auf Erden, die mildernd sein sollten. Wenn jemand todkrank ist und sein Ende mit Leiden vor sich sieht, das er nicht glaubt, ertragen zu können, so ist das für viele Menschen ein Grund, sich ihr Ende selbst zu bereiten, solange sie glauben, noch handeln zu können. Dieser Grund, liebe Freundin, ist natürlich auch für den Himmel ein mildernder und nicht gleichzusetzen mit einem Selbstmord aus Motiven der Verzweiflung von Leiden materieller oder anderer Art, deren Ursachen noch durchlitten und geändert werden könnten auf Erden. Trotzdem ist ein Selbstmord nicht gleichzusetzen mit dem Ableben aus Gottes eigener Entscheidung und natürlicher Folge. Niemand hat das Recht sich selbst das Leben zu nehmen. Wenn derjenige es aus Krankheitsgründen gemacht hat, die tödlich gewesen wären, so ist es doch auch nur ein Verzweiflungsakt, um nicht mit Geduld die Krankheit bis zum Ableben des Körpers ertragen zu müssen. Diese Seelen sind bei uns willkommen geheißen, aber sie müssen noch durch eine Schulung gehen, die langwieriger ist, als das Ende der Krankheit auf Erden abzuwarten.«

Müssen sie im Himmel leiden?

»Sie müssen nicht leiden im Himmel, aber sind noch auf unteren Stufen gezwungen, sich aufzuhalten, bis sie die Ungeduld ihrer Handlungsweise verstehen. Das ist das, was ich zu dem verfrühten Tod kranker Menschen sagen kann.«

Hilft es, für diese Verstorbenen zu beten?

»Wenn ihr für diese Verstorbenen betet, so ist das ein Segen für euch, kann der Seele im Himmel aber nicht in der Form mehr helfen, weil sie der göttlichen Gerechtigkeit übergeben wurde.«

23.6.2013

Warum ist Euthanasie für schwerkranke und schmerzgeplagte Menschen nicht erlaubt oder ist sie es doch?

»Liebe Freundin, ich freue mich, dass du mit mir reden möchtest. Dich führt die Frage zu mir, warum es euch nicht erlaubt ist, euer Leben dann zu beenden, wenn es für euch ausweglos erscheint, wenn Schmerzen das Leben beherrschen, die nicht mehr besser werden können. Liebe Freundin, ihr nennt es Euthanasie, wenn ihr diesen Menschen beim Ableben behilflich seid. Es ist in eurem Land verboten, in anderen Ländern ist es erlaubt. Der Himmel erlaubt es euch nicht. Das weißt du. Es ist ein Ableben auf Verlangen und wird vom Himmel insofern geahndet, als ihr nach eurem Ableben Versäumtes auf anderer Ebene nachholen müsst.«

Was kann denn so ein Mensch noch versäumen?

»Wenn du fragst, was so ein Mensch denn noch versäumt auf Erden, da sein Leben nur als Schmerz besteht, so können wir hier von Geduld sprechen. Die Geduld, den eigenen Tod abzuwarten. Das Leben auf Erden ist von Anfang bis zu eurem Ende mit Geduld verknüpft, und es ist eine eurer Aufgaben, diese Geduld zu erlernen.«

Was muss diese Seele denn im Himmel nachholen? Doch nicht etwa die »versäumten Schmerzen«?

»Wenn du fragst, was ein solcher Mensch, der sein Leben aufgrund starker Schmerzen selbst beendet, im Himmel erwartet, so sind es nicht die Schmerzen, die er in den Himmel mitnimmt. Von diesen ist er erlöst, aber er muss lernen, göttliche Entscheidungen zu akzeptieren und muss auf einer solchen Ebene die Geduld und die Demut erlernen, die ihm auf Erden gefehlt hat. Die Demut vor der Entscheidung Gottes, das Leben auf Erden zu beenden. Diese Demut muss von allen Menschen akzeptiert werden, insofern ist die himmlische Entscheidung eine Ablehnung der Euthanasie und des Selbstmordes auch aus diesen Gründen.

Die Schmerzbekämpfung steht euch aber mit allen Mitteln, die es auf Erden hierfür gibt, zu und wird und soll weiterentwickelt werden. Das kann ich dir zu dieser Fragestellung sagen. Es klingt aus menschlicher Sicht hart und unbarmherzig. Gott selbst aber ist die Liebe, die so allumfassend ist und von euch in diesem und oft auch in anderen Fällen erst auf himmlischer Ebene verstanden werden kann.«

11.11.2010

Was geschieht mit Selbstmordattentätern, die im Namen Gottes sich und andere töten?

»Diese Menschen sind arm im Geiste. Wenn sie glauben, im Namen Gottes töten zu dürfen, so sind das arme Seelen, die sich den Weg in den Himmel erschweren.«

Aber sie glauben für Gott etwas Gutes zu tun.

»Ja, sie glauben für Gott etwas Gutes zu tun und töten sich und viele andere Menschen mit grausamer Gewalt. Es sind Menschen, die nicht wissen, was sie tun. Sie werden nicht in die himmlischen Gefilde aufgenommen und müssen ihre Tat auf einer Zwischenebene wiedergutmachen, die für sie ohne Freude ist. Sie können langsam erlernen auf eine höhere Stufe im Himmel zu kommen, aber dieser Weg ist für sie lang. Es sind Seelen, die im falschen Glauben und, ohne selbst zu reflektieren, Böses tun. Diese Seelen sind von Gott besessen, ohne zu wissen, welche Liebe und Gerechtigkeit Gott besitzt. Diese Menschen haben einen langen Weg im Himmel auf der ihnen zugewiesenen Zwischenebene vor sich.«

Sind Selbstmordattentäter nicht oft auch manipulierte, von der Gesellschaft frustrierte Jugendliche, die nicht wissen, was sie tun? Denen eingeredet wurde, sie kämen ins Paradies, wenn sie es täten?

»Du willst von mir wissen, ob Selbstmordattentäter, die oft noch Kinder sind, manipuliert werden und daher nicht selbst in der Lage sind zu erkennen, was sie tun. Liebe Freundin, diese armen Seelen sind ganz bewusst auf die Erde gekommen, um zu lernen sich dem Bösen zu widersetzen. Sie sind von kleinen Beinen auf von Worten umgeben, die sie beeinflussen und die sie in eine Richtung des Bösen erziehen. Sie sind Kinder, dann Jugendliche und werden dann zu diesen Taten, als Heldentaten ihnen eingeredet, verpflichtet und doch, meine liebe Freundin, haben sie die Wahl, ob sie diese grauenhaften Taten tun oder nicht. Sie entscheiden sich für den Weg des Leides und müssen daher auf seelischer Ebene lernen, was gut und nicht gut bedeutet, was Gottes Liebe zu allen Menschen betrifft und kein Unterschied zwischen den Religionen gemacht wird. Das ist ein sehr langer Weg der Selbsterkenntnis dieser Seelen.«

13.5.2013
Der sogenannte »freie Wille der Menschen« – was bleibt davon im Himmel?

»Liebe Freundin. Ich weiß, dass du gerne mehr über den freien Willen der Menschen erfahren willst.

Der freie Wille der Menschen ist euch ein Geschenk. Ihr seid euch oft nicht bewusst, welch großzügiges Geschenk es ist, und für viele ist es so, dass sie nicht wissen, was sie damit tun sollen. Diese Menschen sind unschlüssig oder lassen sich gerne von anderen Menschen leiten. Andere Menschen, und du gehörst dazu, wissen davon und leben in aller Stärke darin, die Freiheit zu haben, zu tun, was sie möchten und was sie selbst für richtig halten. Natürlich ist hierbei wichtig, auch an andere Menschen zu denken, um nicht nur für sich allein zu leben und zu entscheiden. So ist der freie Wille des Menschen auf Erden.

Durch Thomas' selbstbestimmten Tod kam dir erst der Gedanke, dass du und ihr alle auf Erden im Himmel nicht mehr über die Freiheit verfügen könnt, Entscheidungen zu treffen. Liebe Freundin, wisse von der himmlischen Liebe und Gerechtigkeit. Du bist nicht eingeschränkt, wenn du in unsere Welt eingehst, und du hast mehr Freiheiten als auf Erden, weil du nicht an irdische Verpflichtungen und Gesetze mehr gebunden bist. Aber es gibt himmlische Regeln, an die du dich halten musst und die beinhalten auch, nicht ohne das Wort Gottes Entscheidungen für dich zu treffen. Das heißt, du kannst nicht Ebenen überspringen oder auch, wie du dir so gerne vorstellst, irdische Schönheiten betrachten, die du als Mensch nicht besuchen konntest, sondern du kannst nur mit der Erlaubnis Gottes dich weiter fortbewegen. Du musst um keine Audienz ansuchen oder Bittschreiben erstellen. Es geht alles unmittelbar, wie du selbst durch Thomas erfahren durftest. Wenn es dein Wunsch ist, auf geistige Reisen zu gehen, so sendest du diesen Wunsch aus. Der von himmlischen Heerscharen, den Boten Gottes aufgenommene Wunsch wird dir mit ihrer Hilfe gewährt oder du wirst durch sie auf die Probe gestellt und lernst mit ihrer Hilfe. Du hast also den freien Willen, Wünsche zu äußern, etwas zu tun, was dir Freude bereiten würde, aber du musst deine Anliegen vorlegen. Es ist aber alles eingehüllt in göttlicher Liebe und du musst dabei nichts fürchten.«